発達障害の療育がうまくいく

子どもの見方・考え方

北川 庄治 著
デコボコベース株式会社
最高品質責任者

まえがき

「凸凹が活きる社会を創る」。

これは、私が所属する放課後等デイサービス「ハッピーテラス」のヴィジョンであり、私が大好きなことばです。

元々、教育学の研究者を目指して大学院にいた私は、30 歳になったのを期に、大学院を辞めて高校の先生になりました。

大学院時代に 5 年間、非常勤の塾の先生をやっていたこともあり、「何かを教えること」が大好きで、人生のうち一度は、「学校の先生」という仕事をしてみたいと思っていました。

ただ、当時の私の研究テーマは「学校以外の場所での教育」「社会的に弱い立場にある人たちを力づけるための教育」で、「そんな研究をしてたやつが普通の学校の先生になっても面白くないなぁ……」と思い、通信制の高校の先生になったのです。

今の日本で、通信制の高校、特に私立の通信制高校は、いわゆる「発達障害」の子どもたちの受け皿のようになっているところがあります。私が通信制高校にいた 15 年前は、発達障害ということばがやっと世の中に広がり始めたころで、まだ診断を持っているという子どもは多くはありませんでした。

しかし、今振り返ってみれば、きっとあの子には発達の凸凹があったんだろうなぁ、と思うたくさんの子どもたちとそこで出会いました。

子どもたちと関わっていく中で私は、自分に最も合っていて好きでいられる仕事は、発達に凸凹のある子どもたちと、ともにあり、ともに学び、ともに成長していく、そんな仕事だなと感じたのです。

その後、私は発達障害や知的障害のある子ども専門の塾の先生になり、そこで多くの凸凹のある子どもたちの学習支援をしてきました。

今は、未就学児の児童発達支援、小学生から高校生までの放課後等デイサービス、成人の自立訓練、就労移行支援といった福祉事業を幅広く行っている「デコボコベース」という会社で、支援の責任者として、「最高品質責任者CQO」という仰々しい肩書をもらっています。

でも私は、今でも自分のことを「いち現場の支援者」だと思っています。自分自身でも放課後等デイサービスの教室を１つ運営しながら、日々子どもや保護者と関わっています。

また、全国の「ハッピーテラス」の支援者のみなさんに、「子どもたちの見方」のアドバイスをさせてもらったり、「子どもたちをよりよく支援するノウハウ」をお伝えさせてもらっています。

私は、決してアカデミックな世界の人間ではありません。この本は、私がこれまでに様々な先達の方々から学び、現場で実際に使い続けてきて「よい結果」につながったノウハウ、そしてそれを支える「考え方」、つまり、発達に凸凹のある子どもたちの支援をする際の「マインドセット」について、現場の支援者なりのことばでお伝えをさせていただきたいと思います。

発達に凸凹のある子どもたちを支援する支援者に向けて書いたものではありますが、保護者のみなさんにも役に立ててもらえるように書きました。

支援者も保護者も、「本当のところ、何をどう支援していけばいいの？」という悩みがあることと思います。

何より、「子どもたちの幸せのために、よりよくできることはないのか？」を、日々考え試行錯誤していらっしゃると思います。

発達に凸凹のある子どもたちの成長を支えていく時、自分の理想論や経験に頼るだけでは、うまくいかないことが多いと思います。

「子どもたちが社会に出る」ことは、とても現実的な問題です。発達に凸凹のある子どもたちの現実を見据えた、具体的な支援が必要になります。

また、発達に凸凹があるということは、「平均的」な子どもではない、つまり「少数派」であることになります。

そのような「少数派」の子どもたちのことを考える時に、自分自身が「多数派」寄りの人間であれば、その経験に頼っても、うまくいかなくなるのは当然のことです。

この本では、発達に凸凹のある子どもたちへの支援を考える上での大切な視点を、「キッズファースト」という考え方から、見直ししていきます。

支援者や保護者のみなさんが、発達に凸凹のある子どもたちをとりまく環境と、子どもたちの自立を、より的確な視点で捉えることができるようになるための一助となればと思っております。

それはいずれ、「凸凹が活きる社会を創る」ことにつながっていくものだと、私は信じています。

そんな社会に、徐々に徐々に変わっていく中で、全ての凸凹のある子どもたちの笑顔が、もっと輝いていくことを願っています。

2025 年 3 月　北川 庄治

3章 子どもが確実に応えられる「**指示**」

4章 子どもが自立できる「**トレーニングメニュー**」を組む

5章 子ども自ら「切り替え」られる合理的な支援

6章 発達凸凹の子のための本当の「環境」設定

7章「保護者」への対応 ～保護者の心を守る～

8章「問題行動」への対応

序章 キッズファーストとは

1　子どもの視点

● 子ども（キッズ）の何を一番（ファースト）に？

私が教育の現場から支援の現場に入って、12年が過ぎました。その中で、放課後等デイサービスの現場に入るようになってから9年。私たちの教室では、主に発達に凸凹のある子どもたちを対象に、「キッズファースト」の考え方を大切に支援をしてきました。

キッズファーストということばは、そのまま捉えれば、「子どもを一番に」という意味になるわけですが、その奥にある意図が支援の現場にはなかなか上手に伝わらないことがあります。

例えば、「キッズファーストなんだから、子どもの願いを優先的に聞き入れなければいけない」というように思い込んでしまう。

このような受けとめ方をしてしまうと、子どものことばに振り回されてしまって、支援者が子どもに対してリーダーシップを取れなくなってしまいます。

逆に、「キッズファースト」ということばを曲解してしまうことで、それに対する反発を生んでしまうこともあります。「子どもを甘やかしてもろくなことがない」というような考え方です。

極端な例ですが、卵アレルギーのある子どもに対して、「アレルギーなんかあるのは、好き嫌いしているからだ！」と言って、無理やり卵を食べさせようとする人がいたとしたら、みなさんはどう思うでしょう？

アレルギーについての知識が「当たり前のもの」となった現代では、「そんな時代錯誤の根性論なんて……」と思う人がほとんどではないでしょうか？

さすがに、発達に凸凹のある子どもたちの支援をしよう、という人の中に、そんな無茶な根性論を押し通す人はあまりいないとは思いますが、キッズファーストの考え方をしっかりと理解できていないことで、実は似たような「非合理的なハードル」を子どもたちに課しているなんていうことは、支援の現場でもよく起きています。

キッズファーストとは、支援においてとても重要で、とても合理的な考え方です。「子どもを一番に」とは、子どもの「何を」一番にするのか？それは、子どもの「視点」です。

子どもの視点で見てみること

私たちの教室の１つで、ASDの特性が非常に強い子の「字の書き方」について相談を受けたことがありました。中学１年生くらいの子でした。

お母さんは、漢字を覚えさせようと一生懸命書き取りの練習をさせていました。とてもおとなしい雰囲気の子で、お母さんの指示通り、漢字の書き取りノートに、何回も何回も、漢字の練習をしていました。しかし、その字は、書き取りノートの枠に収まらない、ぐちゃぐちゃの字でした。

「１年前までは、きれいに書けていたんです。それが、この１年でどんどん崩れていって、今ではどんなに『きれいに書いて』と言っても、こんなふうにしか書かなくなってしまったんです」。

そんな相談でした。

私は、その子が字を書く様子をしばらく見ていました。ぐちゃぐちゃに書いているように見えて、くり返し書いている字は同じような書き方をしていました。

その子の肩越しに、その子になったつもりで、同じように手を動かしてみたり、斜めからその子の視線を追って、同じところを見るようにしたりしました。

子どもはすごく真剣に書いていた

そんなことをしているうちに、あることに気づきました。「この子は、すごく真剣に書いている」ということに。

字の形が崩れるのは、私の見てきたところでは様々な理由があります。衝動性が強かったり、注意を保ち続けることが苦手だったりして、字を書き続けることがめんどくさくなるパターン。注意がそれやすくて、書く手元を見ていないパターン。手先の不器用さがあり、思ったように鉛筆を動かせないパターン。

でも、この子はそのどれでもなく、しっかりと左手でノートを押さえ、自分の書く手元を見続けながら、くり返し同じ「崩れた字」を書いていたのです。

そこで私は、その教室でその子といつも接している先生に、その子に「『字を書いてください』と言ってみてください」とお願いしました。

すると、その場ですぐに、枠の中に収まった、読みやすい字を書き始めたのです。何カ月もの間、何回声かけをしても直らなかった字が、その一言で元に戻ったのです。

何が起こったのでしょうか？

子どもの気持ちを“予想”すること

私は、その時こう考えたのです。「この子自身は、きれいな字を書いている、いや、描いているつもりなのではないだろうか？」。

その子は、何度も字を書くように言われ、もう字も覚えてしまって、同じような形の字を書くことに飽きてしまった。でも、言われたからには書かなければいけない。

でも、普通のきれいな字（と本人が思っているかどうかはわかりませんが……）を書くのはつまらないので、自分なりの「きれいな芸術作品」を描こう、と思って書いているのではないか？と。もう、「字」だと思って書いていないのではないだろうか？と。

そこで私は、「(芸術作品ではなく）字を書いて」と言ってみたのです。ちなみに、その子とは初対面だったので、いきなり知らないおじさんに命令されても嫌なんじゃないかなと思って、普段からその子に接しているその教室の先生に言ってもらいました。

果たして、私のこの予想が本当に正しかったのかどうかはわかりません。ただ、間違いなくその一言で、直らなかった字形は一瞬で元に戻りました。それは事実です。

● 大人の都合による大人の考えを捨てること

私がしたことはなんでしょうか？その子にしたことではありません。その子を捉える上で、私が、自分に対してしたことです。

それは、大人の都合による、大人の考え方を捨てることです。

きれいな字を書いて「ほしい」。

学校でほめられる字を書いて「ほしい」。

私がイメージするきれいな字を書いて「ほしい」。

この視点から考えることをいったんやめて、あくまでも「この子は今、何を考えて字を書いているのだろう？」という、「子どもの視点を一番最初に考える」ことをしてみたのです。

つまり、「キッズファースト」です。

発達に凸凹のある子どもたちの支援をする時に、支援がうまくいかない、同じことがくり返されてしまう、その原因の多くは、大人の都合による、大人の考え方にあると思っています。

真の意味でキッズファーストではないこととは、大人側の、自分たち側の、多数派の、「こうあってほしい」という考え方です。

つまり、いわゆる「自分たちの都合」と「社会一般の常識」という、その子自身の「外にあるもの」に、子どもたちを無理やり引き寄せようとすることです。

● 子どもの「最初の一歩」を考えること

自分たちの「外にあるもの」のわけのわからなさ、恐怖というものが、発達に凸凹のある子どもたちにはつきまといます。

本人の視点を無視して、そこに一方的に引っ張っていっても、当然のように拒絶反応が生まれ、何度もくり返せばそれによってたまっていったダメージは、場合によっては子どもの心を壊してしまいます。

子ども自身の考え、子ども自身の感じ方を出発点にすれば、子ども自身も反発のしようがありません。

子どもの出発点からゴールまでの無理のない道のりを考え、一歩ずつ、一緒にゴールに向かって歩いていく。

支援者は、ゴールの側から子どもを見るのではなく、その子にとって「最初の一歩は何か？」を考える。それが、キッズファーストの考え方です。

2　キッズファーストな視点

● なぜ支援者は子どもたちに指示を出せるか？

私が、支援者を目指す人たちの研修の中で、よくする質問があります。「先生と子ども、どっちがえらいと思いますか？」

日本の学校教育によく適応してきた大人の中には、「先生」と答える人もいます。子どもたちが大好きで、子どもたちの支援がしたくて福祉の世界に入ってきた人たちの中には、「子ども」と答える人もいます。もちろん不正解です。

日本国憲法第14条で、全ての国民は法の下に平等であることがうたわれています。どちらかが「えらい」はずはありません。なので、多くの人が「どちらもえらくない」と答えます。私は、次のいじわるな質問をします。

「ではなぜ、みなさんは教室の中で、子どもたちに『あれをしなさい』『これをしてはいけません』と指示を出せるのですか？平等なはずなのに」。

この質問に答えられる人は多くありません。

この質問の答えを、私はこう考えています。私たち支援者は、子どもたちの「リーダー」だからです。

● リーダーの責任

リーダーとなる人は、他の人より、より多くの責任を負います。たくさんの責任を負う義務と引き換えに、それ以外の人に指示を出す権利を得ます。

責任とは、「子どもたちのよりよい成長をサポートする責任」です。子どもたちに「よい変化」が起こること、それが、私たちが子どもに指示を出せる条件なのです。

子どもに対して、リーダーシップが取れなければ、支援者として子どもたちのよりよい成長をサポートし、導いていくことはできません。

私たちが子どもたちに指示を出す時には、常に責任を負っているわけですから、無責任な指示は出せなくなります。

だからこそ、「子どもの言うことをまず無条件に聞かなければいけない」というような捉え方は、適切なキッズファーストではないのです。

子どもに対してリーダーシップを取るとなると、時には「甘やかさない」ということも大切になります。子どもたちに対してハードルを課し、それを乗り越えてもらうことが、よりよい成長に必要な時は必ずあります。

ハードルの設定はどう決める？

しかし、それは「卵アレルギーの子に無理やり卵を食べさせる」というような、「越えられないハードル」であっては無責任な指示になってしまいます。

あくまでも、その子が自分の力で越えられる、または支援者が少しだけ力を貸せば越えることのできる、ハードルでなくてはいけません。

では、そのハードルの高さはどうやって決めるのでしょう？

そのハードルの高さを、大人の考え、支援者側の都合、子どもの周りの人の希望を優先して決めてはいないでしょうか？

発達の凸凹のあまりない大人にとって、未開封のペットボトルのふたを開けることは簡単ですね。ほとんどの人ができる「当たり前のこと」です。

しかし、3歳の子どもはペットボトルのふたを開けられるでしょうか？多分無理ですよね。一般的には、まだ筋力や手先の器用さが足りません。

では、6歳だとどうでしょう？もしかしたら、開けられる子もいるかもしれませんし、開けられない子もたくさんいるでしょう。答えは、「人によって違う」ですよね。

● キッズファーストなハードルの設定

しかし、キッズファーストな視点がないと、大人の都合のゴールに捕われてしまい、何歳の子どもの目の前にでも未開封のペットボトルを置いて、「さあ、開けてみよう！」とやってしまいかねません。

これでは、スモールステップがキッズファーストの視点で考えられていない、合理的でない支援になってしまいます。

つまり、「子どもの視点」で見た時に、「人によって違う」高さを適切に予想した上で、子どもの目の前に置くことが、キッズファーストなハードルの設定になるのです。

キッズファーストな支援とは、支援者がしっかりと自分が果たすべき責任を自覚し、リーダーシップを取った上で、子どもの視点から考えた、合理的で適切な「次の一歩」を、子どもと一緒に踏み出せる支援です。

● キッズファーストなゴールの設定

ゴールの設定は、まず大人の都合と自分の常識をいったん棚上げして、最初に子どもの視点で現状を考えます。次に、現状とつなげてゴールを設定します。

例えば、卵アレルギーのある人に、「卵を食べられるようになる」というゴール設定をすることは非現実的です。現状からたどり着きようのないゴール設定をすることは、「無責任」な指示になります。

たどり着くことが不可能ではないゴールだとしても、私たちが1人の子を支援できる時間は有限です。その時間内で達成することが難しそうなゴールを、「周囲が望んでいるから」という理由で設定してしまうことも、キッズファーストの真反対になってしまいます。

一人ひとりの子どもの現状を的確に理解し、その子の視点から考えた時に、支援者が進みやすい一歩を踏み出せるように後押しし、一歩一歩成功しながら一緒に進んでいけるゴール。

子どもが自信を持ち、やがて支援者が手を離しても自立してゴールに向かい、達成しても意欲を持って、その先に進み続けていってくれる、それが、キッズファーストなゴールの設定です。

そうであれば、本当の意味での、子どもの社会的な自立に結びついていくことができるのです。

ゴールの先にあるもの

最後に、「ゴールの先にあるもの」について考えたいと思います。

支援の中でのゴールの設定は、例えば、「はさみで曲線を上手に切れるようになる」だったり、「先生の話を、口を挟まずに最後まで聞けるようになる」だったりすると思いますが、その先には、何があるのでしょう？

私たちは、一生その子を支援し続けることはできません。私たち支援者が、子どもたちとその親たちと一緒に設定するゴールは、全て「中間地点」です。ゴールの先に、その子の人生があるのです。

ですから、ゴールはその子の現状と、ゴールの先の未来と、両方を見た上で、その中間地点にピンを打つことになります。

そして、私たち支援者が、ゴールの先の未来を考える時に忘れてはいけないのは、「その子の心を守ること」です。

その子が将来就職し、自分の生活をまかなう収入を得て、自立して暮らすことができたとします。

しかし、その子が生活を楽しいと思っていなかったらどうでしょうか？

仕事はしていても、「なんのために自分は生きているんだろう？」と孤独を感じながら、「自立」していたとしたら、みなさんは支援者として自分の仕事に誇りが持てるでしょうか？

人は、仕事「だけ」で生きているわけではないし、学校「だけ」で生きているわけではありません。

仕事ができる、学校でうまくいくという「人生の一部分」のためにゴールを置いてはいないでしょうか？

「キッズファーストであること」とは、子どもの視点から始め、子どもの視点で未来を見据えることです。

その子の未来において、

・心が守られながらゴールを達成し、喜びを感じ、自信を持てること。
・自分のことを理解してくれて、助けてくれる人がいることを信じることができ、孤独ではなくなること。
・自分ができることに「楽しさ」を感じながら、自立していけること。

これらの視点でゴール設定をすることが、キッズファーストな支援です。

子どもを支援する大人たちは、常にこの視点とスキルを持ち、子どもたちと向き合っていってほしいと、私は願っています。

本書は、キッズファーストな視点で、「合理的に」発達に凸凹のある子どもたちにアプローチしていくための、支援のコツ、支援者としての考え方のコツを紹介していきます。

1章

自立につながる「コミュニケーション力」を育てる

みなさんは、発達に凸凹のある子どもたちと、適切なコミュニケーションが取れているでしょうか？

そもそもコミュニケーションってなんなのでしょうか？

近年よく「コミュニケーション力（略してコミュ力）」ということばが使われたり、コミュニケーションが上手に取れない人のことを「コミュ障（コミュニケーション障害の略）」とバカにする、という場面によく出くわします。

この「コミュニケーション力」ということばを、私は「楽しい関係を生み出す力」と捉えて定義しています。

あいさつはコミュニケーションの基本か？

コミュニケーションの課題は多岐に渡る

発達に凸凹のある子どもたちを支援する人にとって、コミュニケーションの課題は常に頭を悩ませるものです。

コミュニケーションの課題は、あまりことばが出ないパターンから、発音が聞こえにくい、吃音があるなどの機能上の課題があるパターン、また、一方的に話してしまったり、独特の言い回しで失礼と感じさせやすかったりして、対人関係の課題が発生するパターンまで、多岐に渡ります。

様々な課題をどうやって解消するか？ということを考えても、原因は多様で、それぞれに対応するためには専門的な知見が必要になります。

コミュニケーションの課題というのは、「こうすればよくなりますよ」というような一様の回答は存在しません。課題の原因が多様なため、一様な対応法がないのです。

そのため、それぞれの対応について、支援者の原因特定のためのアセスメント力を上げる、原因ごとに対応できる専門性を上げる、ということに結局いきつくのです。

しかし、コミュニケーションの課題で実は大事なのは、「スタート地点」だと私は思っています。

● あいさつは、社会適応に非常に重要……しかし

私は以前、発達障害や知的障害のある子どもたちに、礼儀作法的なものをかなり厳しく教える教室で働いていたことがあります。

多くの支援者は、「コミュニケーション」を教える時に、まず「あいさつ」を徹底して教えようとします。おそらく、「あいさつは人と人とのコミュニケーションの基本」と考える人が多いからではないかと思います。

「こんにちは、よろしくお願いいたします！」と姿勢を正し、視線を合わせてビシっとしたあいさつをする子どもたち。支援者側から見ていて気持ちのいいものですし、社会の中で適応して過ごしていく上で、確かに非常に重要なことです。

その教室で私が悩んだのは、非常に強いASD特性のある男の子についてでした。

男の子は、とてもていねいなあいさつができ、教室では非常におとなしく学習に取り組むのに、家では親ごさんと公園に遊びに行くと、公園にいるカップルに石を投げたりする、ということがあったのです。

なぜ、このようなことが起こるのか？それは、結局その子にとって、あいさつというコミュニケーションが本質的なものになってい

なくて、形だけのものになってしまっていたからだと思います。

あいさつを教えること自体が問題なのではありません。当時の私が、「コミュニケーション」の本質を理解していなかったことが問題なのです。

● あいさつはコミュニケーションの応用編

人間のコミュニケーションの基礎・基本は、「マンド（要求）」から始まります。

赤ちゃんが、「マンマ」と言う、それを聞くとお母さんは、「お腹が減っているのかな？」と考えてミルクをあげる。そうすると予想通り赤ちゃんはお腹が減っていたらしく、ミルクを勢いよく飲む。飲み終わって、赤ちゃんがうれしそうな顔をする。それを見てお母さんもうれしくなる。

「要求」から、本人がなんらかのことばやサインを発し、それを受けとめた人が、適切にその要求に応え、受け取った本人はとてもうれしくなり、それを見た相手もうれしくなる、というのが「コミュニケーションの基本」と言えます。

つまり、あいさつはコミュニケーションの基礎・基本ではなく、応用編のコミュニケーションなのです。

コミュニケーションの本質とは

● 相手に「意図」が伝わること

コミュニケーションの本質は、互いの要求に適切に応えられたことにより、お互いの間に喜びが生まれることなのではないかと私は思っています。

だからこそ私は、楽しい関係を生み出す力を、「コミュニケーション力」と捉えています。

子どもたちが、「先生、こんちは！」と教室にやってきます。子どもたちの心の中には、「今日も先生に会えてうれしい！一緒に遊んで、今日も楽しく過ごそうよ！」という「意図」があります。

先生はそれをくみ取って、「お！こんにちは！今日も元気そうだね、一緒にいっぱい遊べそうだね！」と返します。子どもたちは、自分の意図がわかってもらえてうれしいので、より元気よくあいさつをしたくなります。

先生たちもそんな子どもたちを見て、信頼し合って関わることができている喜びを感じます。

相手に自分の「意図」が伝わり、相手が自分を理解して返してきてくれて、それを受け取ることで喜びが生まれ、その様子を見て相手にも喜びが生まれる。

これが、私たち支援者が育てたい、子どもたちにそう育ってほしいと考える、「コミュニケーション力」です。

●「意図」にそっていないあいさつ

支援の現場で、お母さんやお父さんが子どもを教室に連れてきます。支援者は、子どもにあいさつをします。支援者の心の中には、「よく来てくれたね、今日も一緒に楽しく過ごそうね」という「意図」があります。

しかし、その子はあいさつをしません。目を合わせず、下を向いて黙っています。この場合、考えられることは大きく分けて２つです。

１つは、支援者の「一緒に楽しく過ごそう」という「意図」が伝わっていない。

もう１つは、伝わってはいるけど、不安だったりすることで、楽しく過ごせる気持ちになっていない、です。

ここで、親ごさんの中には「何してるの！ほら、ごあいさつしなさい！もう！」と、慌てて無理やりにでもあいさつのことばだけを出させようとする方がいます。

しかし、この場面であいさつをさせても、子どもの「意図」にそったやり取りにならないため、コミュニケーションの本質から外れたものになってしまいます。

子どもにとっては、楽しさはないし、嫌な思い出しか残りません。コミュニケーションの成立もしていないので、あいさつの意味はわからず、「なんのために、こんなあいさつをいちいちやらなきゃいけないのか、わからない……」という気持ちになってしまいます。

● コミュニケーションのスタート地点にある気持ち

コミュニケーションのスタート地点となっているものは、「他者に自分の要求をわかってほしい」という気持ち。

そして、適切にやり取りがされることによって生まれる「わかってもらえて、それが成功して、うれしい」という気持ち。

そのあとに生まれる「お互いにわかり合えてうれしい、楽しい」「またコミュニケーションを取りたい」という気持ち。

それが、大事なのです。

だからこそ、「わかってほしい」という気持ちを削がない環境づくり、支援者側のわかる努力、適切なやり取り、コミュニケーションが成立した、という成功体験の積み重ね、そのあとに、本人に「わかり合えてうれしいよ」という気持ちを伝えること。

それらを意識的にていねいにやっていくことが、「コミュニケーション力」を育てることだと、私は考えています。

コミュニケーションに必要なスキル

● 自立のための手段が「コミュニケーション力」

私たちの放課後等デイサービスでは、ホームページなどでも、「コミュニケーション力の向上」をうたっていますが、見た人の中には、「この教室の目的は、コミュニケーション力の向上なんだな」と思われる方がいらっしゃいます。

しかし、私たちの本来の目的は「子どもたちの社会的な自立」です。その目的を達成するために、私たちが最も重要だと考えているのが、「コミュニケーション力」という手段なのです。

● 他人に迷惑をかけながら生きるのが人間

ここで、そもそも「自立とは何か？」という、序章でもみなさんに問いかけたことを改めて考えてみたいと思います。

辞書的な意味で言うと、「自立」とは、「自分のことを自分でやれること」と言えます。しかし、世の中に自分のことを全て自分でやっている人などいるのでしょうか？

例えば、みなさんは自分で散髪しているでしょうか？そういう人もいるかもしれませんが、ほとんどの人は、美容院などで髪を「切ってもらっている」のだと思います。

では、自分で自分の髪を切っている人に比べ、美容院で髪を切ってもらっている人は、「自立度が低い」と言えるでしょうか？ほとんどの人はそうは思わないでしょう。

つまり現実的には、「自立」というのは「なんでも自分でできること」ではない、とほとんどの人は考えているということです。

そもそも人間は、群れで生きていくように進化した動物です。群れで生きていくということは、仲間と助け合って生きていくことが前提となっている生き物だ、ということです。

別の言い方をすれば、他者に迷惑をかけながら生きていくのが人間、と言うこともできるでしょう。

なので、子どもに「他人に迷惑をかけないようにしなさい」と教えるのは、現実的ではないのです。

これが、ASDの特性のある子であればなおさらです。ASDには、「ことばを文字通りに受け取る」という特性があることはよく知られています。ASDの特性のある子に、「他者に迷惑をかけるな」と教えて育ててしまうと、「いつ何時も誰にも迷惑をかけてはいけない」と文字通り受け取ることで、どんどん社会の中で身動きがとれなくなっていってしまいます。

最終的には、不登校や引きこもりになるしか迷惑をかけない方法がなくなってしまう場合もあります。

● 現実的な自立に必要なスキル

では、現実的な自立とはなんでしょうか？私は、「自分のできることで社会に貢献し、できないことは周囲に助けてもらい、助けてもらったら感謝で返す」ことだと考えています。

まず、周りに助けを求めるのは、「要求」です。ここで、コミュニケーションの基礎がどうしても必要になってきます。

そして、人間は一瞬だけ困ったことを解決できればいいわけではなく、生き続けていかなければいけません。

生きているかぎり問題は起こり続け、助けてもらい続けることがどうしても発生します。助けてもらったのに感謝ができない人は、いつまでも周りに助けてもらい続けることができなくなってしまいます。感謝をしない人を助け続けようとは、周りの人もなかなか思いません。

「感謝をする」というコミュニケーションが、どうしても必要になってきます。

発達に凸凹のある人は、現実的な意味で社会の中で自立して生きていくためには、周りの人に助けてもらう割合がどうしても高くなります。生き続けていくには、より多く「助けを求めるスキル」と「感謝をするスキル」が必要になってくるのです。

●「楽しい関係を生み出す力」を育てるのに必要な支援

そこで、「コミュニケーション力」と私が考えるものが、どうしても必要になってくるのです。

ただただあいさつがていねいにできる、説明が適切にできる、はっきりとした発音で言える、そういうことではないのです。

相手にとって、「ああ、この子は、コミュニケーションが決して上手ではないけど、通じ合おうと努力することができ、そして通じ合えた時に自分に楽しいという気持ちを起こさせてくれる子だな」「いいやつだな、かわいいやつだな」「また助けてあげたいな」と思えるような、「楽しい関係を生み出す力」を育てることが、何よりも大切なのです。

そのために必要なのは、まず支援者側が、キッズファーストの視点に立って、子どもたちの心の声を読み取ろうと努力することです。

ことばがあろうとなかろうと、あいさつができようとできまいと、子ども自身の求めるものに支援者が適切に返して、それを子どもが受け取って、お互いに意思疎通ができて、「うれしい」「楽しい」と感じられる。

このようなアプローチを意識して、日々子どもたちとコミュニケーションを取っていくことを、忘れてはいけません。

親ごさんにも伝えたいコミュニケーションの本質

親として、相手に失礼にならないようにと子どもにあいさつをさせようとすることは、社会的には当然なことです。

正直、私も日常生活では、自分の子どもが他の大人にあいさつができなかったら、あいさつをなんとかさせようと「形だけのコミュニケーション」にこだわってしまう瞬間が結構あります。

しかし、支援の現場では、支援者はまずあいさつを投げかけてみることで、子どもたちの反応からアセスメントを取る必要があります。

今日どんな気持ちで教室に来ているか、不安感はどれくらいか、以前より少しでもこちらの呼びかけに答えるサインは出ているか（あいさつをしなくても、一瞬だけでも目線を向けようとするようになったなど）を見て、子どもの変化に敏感に気づき、それに合わせたアプローチをしなければなりません。

しかし、親ごさんが無理やりあいさつをさせようとしてしまえば、子どもの様子や微妙な変化が観察できなくなってしまいます。

だからこそ、親ごさんにもこの「コミュニケーションの本質」の話をていねいに伝え、ご理解をいただき、形だけのコミュニケーションを子どもに強制しないようにしてもらう必要があるのです。

コミュニケーションを通して、子どもたちが「楽しさ」を感じ、それを積み重ねていく中で、やがて子どもたち自身が周りの人に「楽しさ」を感じさせることができるように、支援していくことが大切なのです。

◯ あいさつなんて「意味がない」と思っている子に

1 「事実確認」をする

お互いに意味のあるあいさつをする

子どもたちが退室する時に、「気をつけて帰ってね！」と声かけをするのはよくあることと思いますが、発達に凸凹のある子どもたちの中には、この声かけの意味がわからない、という子どもがいます。

このような子どもは、「気をつけたところで、事故にあう時はあうのだから、自分だけ気をつけたってしょうがないじゃないか……」と感じているそうです。

本人が意味があると思っていないあいさつを重ねると、「そんなあいさつをすることに意味はない」という学習をしてしまいます。

相手にとって意味のないことをいかに理解させるか？に力をそそぐより、お互いに意味のある、子どもにわかるあいさつをしたほうが、コミュニケーションの力は育っていきやすいです。

◯ 子どもに「事実確認」のあいさつをすると、気持ちよく受けとめやすいです。

● あいさつ
○ 無反応な子ども

● 事実確認
○ 反応する子ども

● 相手にとって意味のないあいさつ
○ てきとうに答える子ども

● 事実確認
○ 自信を持って答える子ども

2 コミュニケーションのルールを伝える

ルールを守った上でのコミュニケーションを学ぶ

ADHD特性の強い子どもの場合、先生の話の途中で自分の話を急に始めたりします。

「今は、先生がしゃべっているから、黙っていてください」は、空気が読めない（状況判断ができない）子や、衝動性の強い子にとって、「だから何？私もしゃべっています」となり、通用しづらいです。

子どもに話を聞く機会を与えないと、「黙る」「ルールを守る」は学びますが、他者と「ルールを守った上でコミュニケーションを取る」行動は増えていきません。

黙って待っていてくれたのであれば、先生が話し終わった時に待っていたことをほめ、しっかりと話を聞きましょう。そうすることで、子どもたちは「待っててよかった！」の感覚を持つことができます。

① 子どもに具体的に何をしてほしいかを伝え、今自分がやるべきことをわかってもらいます。

② あとで必ず、話を聞きます。

3 小さなお手伝いで「ありがとう」

自己有用感を上げる

発達に凸凹のある子どもたちは、その独特の思考の仕方から、相手の指示を誤解して受け取り、相手の望んでいることができないまま終わることがよくあります。

この状況が続くと、自己有用感（自分は他人の役に立っているという感覚）が非常に下がり、「どうせ自分はなんの役にも立たない」という感覚が強くなり、積極的に他者のために活動しようとする気持ちが低下してしまいます。

周りの人からもらう「ありがとう」が、子どもたちにとって何よりも自己有用感のタネになります。

小さなお手伝いをたくさんしてもらって、「ありがとう」を伝えることは、とても効果的なコミュニケーションです。

ちょっとした指示を出し、それをやってもらうことで、たくさんの「ありがとう」を伝えましょう。

① その子どもが、楽々とできることがわかっている「お願い」をします。

② できたら大げさでなくてよいのでほめて、「助かった」「君がいてくれてよかった」を伝え続けます。積み重ねることが重要です。

コラム「子どもの視点」①

ASDの子が「合理的に考える」ということ

私が通信制高校の教員をしていた時に、非常に印象的だった出来事がありました。ある男子生徒がいて、当時のことばで言えば「ギャル男」というのでしょうか……派手なファッションで、言うことはあまり聞かず、ちょっとしたルール違反をたくさんする生徒でした。

当時の教員になりたての私は、最初この生徒のルール違反をわざと見逃していました。そういう「物わかりのいい先生」「子どもの味方になれる先生」にあこがれていたのですね。小さなルール違反を、「俺は君たちの気持ちがわかるぞ」とばかりに見逃してあげることで、子どもたちに「大人ぶっていない、理解のある先生」と思ってもらえる、と考えていたのです。実際に、その生徒はよく私に話しかけてきましたし、私の言うこともよく聞いてくれた、ように思っていました。

さてある日、その生徒が「大きなルール違反」を起こしてしまいます。飲酒が発覚したのです。これまでのように見逃すわけにはいきません。さて、どのように生徒に事情を聞こうか？となった時に、私は真っ先に手をあげました。「私はあの生徒と仲がいいですので、私が聞きますよ、きっと話してくれると思います」と。しかし、他の先生からすぐに「いや、北川先生とは話さないって言ってましたよ…」と告げられたのです。

「え？」とショックを受けました。普段あんなに「見逃してあげて」「わかってあげた」のに……「なぜ？」と。その先生から続けて言われたのは、「北川先生は、普段から俺がよくないことをしていてもわざと見逃す。俺は助かるけど、よくないことを見逃す先生は、先生として信用できない。だからあの先生には話さない」ということでした。

私は衝撃を受け、自分がしてきたことを反省しました。私が生徒に対してしたことは、自分が好かれたいがためのただの甘やかしでした。生徒はそれを、見抜いていたのです。

確かに甘やかしてくれたら、自分にとっては便利、だから表面的に仲良くはしておいた。しかし、本当に真剣に何かを話さなければならない時に、そんな人を先生としては信用していないので、話すべき相手には選ばない。

確かに理にかなっています。ASD の診断があるかどうかに関わらず、「ASD 的な考え方」として、このような合理的な考え方をする子どもがいるのです。自分のルール違反を見逃してくれたありがたさ（自分にとっての都合のよさ）と、先生としてすべきことははっきり分けて考える、そういう子どもたちの考え方を知り、理解して行動する時、私たちはどうすればいいのでしょうか？

それは、「相手をコントロールしようとしない、嘘のない、素直なコミュニケーション」を、子どもたちに対して取ることです。「〜してあげている」という発想を捨てることです。

「私はこう考えている」「あなたたちにこうしてほしいと思っている」「してくれないならこうしないといけないし、それは嫌だけど仕事として実行する」と、「正直ベース」でコミュニケーションを取ることが、お互いに信頼し合うために大切なのです。

2章

子どものやる気を引き出す「声かけ」

最近、支援についての書籍などを見ていると、「魔法の声かけで子どもが伸びる！」的な本をたくさん見かけます。これらの本の多くは、医者や研究者によってきちんと監修され、「このように声のかけ方を変えれば、子どもにとってはポジティブな体験が増えていく」と、納得するものが多くあります。

しかし、支援の現場には、ちょっとズレた「声かけ信仰」のようなものがある、と私は感じています。それは、声をかければ、子どもは「勝手にわかる」「そのうちできるようになる」という、単純な「誤解」です。

声をかけて子どもにわかってもらう、気づいてもらうことで、子どもによい変化が起こるようにすること自体はよい働きかけです。

しかし、いわゆる「魔法の声かけ」的な意味での声かけと、子どもを支援する声かけは、意味合いが違うのです。

支援の「声かけ」

支援の「声かけ」には目的がある

私が働いている放課後等デイサービスでは、一人ひとりの子どもに対し、その特性や課題に従った個別支援計画を作り、半年～1年くらいで達成する長期目標、3か月～半年くらいで達成する短期目標を立てて、支援をしていきます。

支援計画の短期目標には、目標とともに、目標を達成するためにどんなふうに支援者が働きかけるのか、「具体的な手立て」を書く欄があります。ある生徒の支援計画の一部を見てみましょう。

短期目標 ①：独り言を少なくする
具体的な手立て：トレーニングや自由時間の中で、独り言を言っていたら、声かけなどの対応をすることで、独り言が少なくなるようにする。

これは、左記の「子どもに気づいてもらうこと」を目的として、声かけをしているパターンです。他にも見てみましょう。

短期目標 ②：常に自らの身だしなみに気を配ることができる
具体的な手立て：来所中を通して見守り、身だしなみが乱れている様子が見られる時は、声かけをし、整えるよう促す。くり返すことで、身だしなみへの意識づけにつなげる。

これもそうですね、「気づいてもらう」という意味で、「意識づけ」ということが書かれています。

● 声をかけるタイミング

①、②と、いわゆる「魔法の声かけ」が決定的に違うのは、「声をかける目的」です。

「声をかける目的」によって、「声をかけるタイミング」は全く違ってきます。

いわゆる「魔法の声かけ」のほとんどは、いわば、「子どものやる気を引き出す」ための声かけです。それは、ほとんど「何かの行動をしたあと」に、称賛のことばとしてかけられます。

しかし、「意識づけのための声かけ」は、「何かの行動をする前」に「気づいてね、この行動をとってね」という意図でかけられます。

大事なのは「声かけ」のあとの支援

●「声かけ」のあとにどうしているか？

声をかけたあと、子どもを観察することは重要な意味を持ちます。

例えば、短期目標①の「独り言が出る子」に対して、「おや？独り言が出てるよ？」という「声かけ」をしたとします。その場では、言われれば本人も気づいて独り言をやめるでしょう。それを見て支援者は満足し、その場を離れてしまうことがよくあります。

これでは、子どもはその場では気づくことができても、その後、自分の独り言に注意を向け、自主的にやめられるようにはなかなかなりません。

子どもが（というか人間全般が）、ある行動を取り続けるようになるためには、やる気（モチベーション）が必要です。

自分が声をかけられて課題に気づき、せっかく直したのにその時にはもう大人が見てくれていなかったとしたら、やる気はわくでしょうか？

これは、子どもだけではなく大人でも同じですよね。指示だけ出されて一生懸命にやったのに、その結果を見て評価してもらえなければ、その作業を続けようというやる気はだんだんなくなってしまいます。

「気づく力」は向上したとしても、それを「自分で直し続ける力」は向上していきません。

● その後を観察し続けることでできる声かけ

「自分で直し続ける力」を向上させるためには、子どもに声をかけてから、その後、どういう行動を取り、どういう結果になるかを、支援者が目を離さず、見続けていなければいけません。

例えば、短期目標①の「独り言が出る子」であれば、声をかけたら独り言が止まる、とします。そして、その後どれくらい止めていられるのか？を観察することが、重要な意味を持つのです。

その子が、４月の時点で、声をかけたあとに１分独り言を言わないでいられたと観察できたとします。それが、５月には２分言わないでいられたら、「独り言を言わずにいられる時間が伸びたね、成長したね」と言えるのです。

これは、観察をしていなければ決してわかりません。

● やる気を引き出す声かけ

子どもの頑張りや成長に対して、支援者が一つひとつていねいに承認をする、という声かけ、これが、「子どものやる気を引き出すための声かけ」です。

私たち支援者は、常に、「どのような時に、子どもが喜びを感じ、認めてもらったと誇らしくなり、取り組むことにやる気を出すようになるか？」ということを、子どもの視点で考えて、声かけをすることが大事なのです。そして、そのためには、子どもから目を離さないことがとても大事なのです。

「声かけ」のあとに子どもに起こること

● 子どもにとって「いいこと」がないことも

短期目標②の「身だしなみ」であれば、「ちょっと！シャツがズボンから出てるよ！」と声をかけて、子どもが「あ！やべ〜！」と言ってシャツをズボンの中に入れる。それを当たり前だと思って、何も声をかけない。「ちゃんと入れなさいよ、もう！」とか、「なんで気づかないかな〜」と、嫌味まで言ってしまう。

せっかく声かけで気づいて直したのに、嫌味まで言われたら、直したって「いいこと」は何もないわけです。

街を歩いていて、わざわざ「あなた、みっともないわね！シャツが出てるわよ！」などと言ってくるおせっかいな人はほぼいません。なので、教室や学校や家庭の外でズボンからシャツが出ていたからといって、嫌な思いをすることはほとんど起きないのです。

しかし、親や支援者は、「直した」ら「嫌味」まで言ってくる。つまり、この状況では、直さないでいるよりも、直した時のほうが確実に嫌な目にあっていることになります。

● 子どもにとって「いいこと」が起こるからこそ

「せっかく直した」のに「嫌味を言う」とか、「説教を重ねる」ということは、本人のやる気を落とすことにしかつながりません。

また、「せっかく直した」のに「何も言ってもらえない」のであれば、それは直していない時とほとんど何も変わらない、「本人にとって何もいいことが起きていない」状態です。

本人が気づいて直したのであれば、それを「直せたね！」「かっこいい服装になったね！」と承認し評価の声かけをすることが、支援者の仕事です。

本人にとって「いいことが起こる」からこそ、子どもたちは気づいたことを直そうとするし、そもそも気づこうとする「やる気」を発揮できるのです。

「声かけ」は魔法ではない

声かけは、魔法ではありません。効果のある声かけには、ちゃんとした理由がります。

子どもの視点から見た時に、効果のある声かけには、「子どもの気持ちにポジティブな変化をもたらす」という合理性があります。

声かけをする時にも、キッズファーストの視点が必要です。「なぜ、その声かけをすると子どもにとってよいのか？」を、子どもの視点から見た上で、「声をかけられた子どもは、どのような気持ちになるのか？」を考えることが大切です。

しかし、支援の現場で個別支援計画を見てみると、「声をかければ、子どもが勝手に気づいて直すだろう」という声かけをしようとする支援があまりにも多いです。

その声かけをやり続けても、その場その場では子どもの行動が正されるかもしれませんが、指摘してくる先生がいなくなれば、やらなくなってしまうでしょう。

「やる気が出る」ように教えられれば、別の言い方をすれば、「自分にとってやる価値のあることだ」と学んでいれば、自然と自分でやるようになるのです。

「気づいて『ほしい』から声をかける」のではなく、「子ども自身はどう声をかけたら『やった価値があった』と思うのか？」ということを、キッズファーストの視点で考えて、意味のある声かけをしていきましょう。

1 子どもの「あり方」そのものをほめる

本人の「よい」を尊重する

ASDの子どもの中には、大げさにほめられることを嫌う子どももいます。

こだわりの強さなどが原因で、自分自身が本当に「よい」と思っていないことをほめられると、「バカにしようとしている」、「いい加減にほめている」、「だまそうとしている」と解釈することがあります。

ほめてみても反応が悪かったり、イライラする感じが見受けられた場合は、「すごいね！」などの単純なほめ方をやめてみましょう。

① ほめても反応が悪かった場合、子ども自身の評価を聞いてみます。

② そして、本人の評価から子どもの「あり方」そのものをほめるようにします。

2 うれしさや楽しさを感じることを提案

わかっているのにやってしまう子ども

ADHDで衝動性が高い子どもに、「○○をしないで」と声かけをすることは、ほぼ効果がないどころか、悪影響を与えてしまうことがあります。

ADHDの衝動性は、「わかっているのにやってしまう」という、行動のブレーキの利きにくさの問題があるからです。

例えば、「動画ばかり見ないでプリントに取り組みなさい」と事前に声かけをしたとします。

子どもは、プリントをやらなければいけないことはわかっていても動画を見てしまい、それを叱られることで、「わかっているのにできなかった自分」のことが嫌になってしまうことがあるのです。

① 本人がそれをやれば、「楽しい！」「うれしい！」と感じることを提案します。

② 別の行動に切り替えられたら、その瞬間をしっかりとほめましょう。

3 具体的にほめてから感想を加える

相手への影響があることを感じる

よく、「ほめる時は具体的にほめろ」と言われますが、具体的にほめるだけでなく、ほめたあとに「自分の感想」をつけ加えると効果的です。

「自分のやったことが相手にどのような影響を与えるのか」を理解し、他人に喜んでもらうということに価値を感じやすくなります。

① まず、「すごい！」や「やったね！」などの声かけをして、子ども自身に「自分が今ほめられている、注目されている」ということがはっきりわかるようにします。

② 次に、具体的に何がよかったかを伝えることで、「何をすると評価されるのか？」がはっきりとわかり、「またその行動を取ろう」と思えるようにします。

③ 最後に、自分の感想をつけ加えます。

コラム「子どもの視点」②

「ことばを文字通りに受け取る」子

私たちの教室に、ADHD傾向もASD傾向も非常に強い、小学1年生の女の子がいました。多動、多弁で、こだわりが強く、ちょっとしたことで周りの子どもたちとけんかになってしまうので、お母さんもすごく悩まれていました。

ある日教室で、その女の子が小学4年生の男の子のかばんに、いたずらをしてしまったのです。

いたずらをされた男の子は、当然ものすごく怒って、「俺のかばんに何するんだ！」と怒鳴りました。女の子は素直に、「ごめんなさい……」と謝りましたが、男の子は「そんなので許せるか！どうしてくれるんだ！」と怒り続けました。

それを言われた女の子は、どうしたと思いますか？

実は、今度は女の子の方が急に怒り始め、「あなた、4年生なのに！1年生の私が謝っているのに！許さないなんて、おかしい！」と言い返したのです。

もし、この場面をみなさんが見ていたとしたら、どう感じるでしょうか？「なんてわがままな子なんだろう！」「逆ギレするなんて！」

「ちゃんと謝って反省することを教えなきゃ……」そんなふうに感じる人もいるかもしれませんね。

しかし、ここでASDの特性である「ことばを文字通りに受け取る」ということを考えてみてほしいのです。

もしこの女の子が、学校で先生から「悪いことをしたら謝りなさい」と教えられていたとしたら、そして「もし相手が謝ったら、許してあげなさい」と教えられていたとしたら、どうでしょう？

「謝ったら、許してあげなさい」ということばを、「文字通り受け取っていた」としたら、この女の子にとっては、「私が謝ったのだから、相手は私を許してあげなければいけない」ということになりえるのです。

この女の子は、「先生のことばに従って、正しく行動しただけ」、なのかもしれません。もしそうなのだとしたら、この女の子は、果たして「わがまま」なのでしょうか？

普段子どもにかけていることばが、「ことば通りに受け取っても困らない、現実に即したことば」かどうか、支援者は常に意識しなければなりません。

世の中でよく言われている「常識」を、深く考えずに「ことば」にして使うと、「ことばを文字通りに受け取る」子どもたちは、混乱してしまうこともあるのです。

「特性を理解する」とは、そういうことなのです。

3章

子どもが確実に応えられる「指示」

序章でもお話ししましたが、キッズファーストということばは、とても誤解されやすいことばです。

極端に言うと、キッズファーストだから、子どもの嫌がることは一切してはいけない、逆に、甘えた子に育ってしまうから、ビシバシ命令を聞かせたほうがいい、などの誤解です。

「指示を聞かせる」という行為は、支援においては基礎・基本にも関わらず、「キッズファーストの誤解」にもっとも巻き込まれやすいもののひとつです。

「指示」はコミュニケーション

●「指示」はコミュニケーションの基礎・基本

「子どもに言うことを聞かせる」は、子どもに寄り添いたいという思いの強い支援者にとっては、無理やり、上から、子どもの意思を無視して、というようなイメージがどうしても伴ってしまいます。「指示を出しなさい」と言われると、「やりたくない……やらせたくない……」という思いを抱いてしまいがちです。

逆に、ビシバシ派の支援者にとっては、指示を聞かせて子どもをコントロールする感覚は、なかなか手放せないものです。

しかし、指示とはそもそもコミュニケーションです。「指示を聞かせる」という言い方がイメージが悪ければ、「指示に応えてもらう」と言えばよいでしょうか。

こちらが指示を出して、子どもがそれに応えてくれた、ということは、「コミュニケーションが成功した」と言えます。

こちらが指示を出したのに、子どもが反応しない、またはこちらが思っていることと違ったことをしてしまった、ということは、「コミュニケーションが失敗した」と言えるのです。

● コミュニケーションのずれは指示のずれ

指示を出し、それに適切に応えるというのは、コミュニケーションの基礎・基本です。

支援において、「コミュニケーションが大切ではない」と思う人はまずいないでしょう。

しかし、実際には、支援の現場で「コミュニケーションのずれ」が頻繁に起きています。特に、発達に凸凹のある子どもたちの支援の場では非常によく起きます。

多くの場合、支援者はコミュニケーションのずれに気づいていないか、気づいても子どもの特性だと思ってしまいます。

●「指示」に対する価値を下げる「指示」

私がある教室で見かけた、研修でもよく例にあげる出来事があります。

その日、教室では漢字のプリントに取り組んでいました。中学生くらいの、かなり自閉傾向の強めと思われる子どもがプリントの漢字が書けないで止まっていると、指導員が近づき、「そこは、こう書くのよ」と、鉛筆を持った手を指導員が上から握り、漢字を一緒に書かせ始めました。

その間、その子の目線はプリントにはなく、別のほうを向いてしまっています。指導員はお構いなくその子の手を動かします。

さて、漢字を書いているのは誰でしょう？

このような指示の出し方、従わせ方は、まったく意味のない、キッズファーストから遠く離れた指示の出し方です。

漢字の書き方の指示を出してはいるものの、書いているのは本人ではなく、指導員です。本人は、プリントを見てすらいませんから、書き方を覚えることもないでしょう。

子どもたちが聞いてもいない指示を出して、勝手に支援者が子どもを動かしてしまうと、子ども本人にとっては、指示は聞いても聞かなくてもよいもので、勝手に周りがどうにかしてくれるもの、と指示した行動をやめてしまいます。

コミュニケーションになっていない指示を出し続けることは、「指示」に対する価値をどんどん下げていってしまうのです。

●「指示」に応えた成功体験があるかどうか？

子どもたちに「指示を聞かせる」ためには、「指示を聞いて成功した！」「相手と通じ会えた！」という成功体験をたくさん積んでもらうことが、何よりも大切です。

その成功体験の積み重ねこそが、支援者と子どもとの間に信頼関係を作り出し、信頼関係ができてくることで、「指示を積極的に聞く」ことができるようになるのです。

適切な「指示」とは

子どもが成功できる適切な「指示」を考える

では、どのように指示を出せばよいのか？端的に言うと、「コミュニケーションが成功するように指示を出す」です。

では、どうやったら成功するのか？子どもが成功できるレベルの指示を出す。つまり、キッズファーストです。

支援者が、「子どもにどうしてほしいか」で指示を出すのではなく、「子ども自身がどのような指示であれば成功するのか」の、子ども基準で指示を出すことをくり返していくことです。

成功した「指示」とは、指示を聞いて適切に応えるというコミュニケーションが成立し、応えたことをほめられることで、子どもが「この人とうまくやれた！」「この人と通じ会った！」という、「楽しさ」が生まれることです。それが、支援者との信頼関係につながります。

子どもの力を伸ばしていくこと、自立に向けてエンパワメントをしていくことを考えた時、子どもが成功できることを考えて指示を出すことが大切なのです。

● 適切な「指示」とは、“合理的”な「指示」

指示を聞くトレーニングを適切に積んでいくことで、子どもたちはコミュニケーションの楽しさを学び、指示に応える意欲が出てきます。この順番を間違ってはいけません。支援者がどうしたいかではなく、「コミュニケーションの楽しさ」が先なのです。

例えば、あなたがスポーツジムに行ったとします。今のあなたは、まだまだ筋肉が細いですが、いつかはボディービルダーのようにムキムキになりたいとします。それをそのジムのトレーナーに伝えたところ、「ボディービルダーであれば、みんなこれくらいの重さのバーベルでベンチプレスをしていますよ！」と言って、初心者のあなたに100キロのバーベルを渡してきました。あなたはまだ50キロのバーベルも持ち上げられないにも関わらず、です。

このトレーナーは、「優秀なトレーナー」でしょうか？そう思う人は、まずいないでしょう。

しかし、支援の現場では、このようなことがしょっちゅう起こってしまいます。

「社会に出たらそんなことは通用しない」「そんなことでは大人になって困る」「素直に言うことが聞けないやつは何をやってもダメだ」などなど。

これらのことばは、「大人目線」からすればもっともと感じるかもしれません。

しかし、「本人目線」に立った時、それは「初心者に100キロのバーベルを押しつける人」と同じなのです。

キッズファーストでスモールステップを考え、まずはその子どもにとって適正な負荷はどれくらいなのか？を考えてから、支援を組み立てることが、合理的な支援です。

● 相手が確実に応えられる指示を渡す

私たちは、子どもたちのエンパワメントのために存在している、ということを忘れてはいけません。

キッズファーストで適切な支援のメニューを組み、それを子どもたちがクリアしていくことで、子どもたちが自然と成長していく。そうならなければ、支援者としての仕事は成立しません。

序章でも言った、「子どもたちのよりよい成長をサポートする責任」ですね。私たち支援者は、ジムで言えばトレーナーです。キッズファーストで、目の前の子ども一人ひとりにあった負荷を、トレーナーとして「選択して渡す」という責任を負っているのです。

それは、「指示」で言えば、「相手が確実に応えられる指示を渡す」ということなのです。

子どもが指示に応えられない時、子どもの特性にせず、「キッズファーストの指示を出す」ことを、常に心がけましょう。

「指示」の成功の責任は支援者にある

● 子どもの困り感を取り除く「指示」の工夫をする

目の前にプリントなどの教材があると、どうしてもキッズファーストの視点から、「支援者ファースト」の視点にすり替わってしまうことがあります。

「この教材をきれいに終わらせたい」という願望。それは、あくまでも支援者側の願望です。「子どもが成長するように」「自ら力をつけていけるように」だったはずの目的が、知らず知らずのうちに、「プリントを終わらせてほしい」という自分の欲求にすり替わり、「なんでできないの？」という他責の考え方になってしまう……。

しかし、そのプリントに取り組んでいる子どもの視点からすると、漢字がわからないので困っているわけです。こちらとしては困り感を取り除く工夫をする責任を負うわけです。

まずは漢字を書いて見せ、真似をして書いてもらう。書いて見せるだけではわからなければ、漢字を分解して、部分ごとに教えていく。

目で見て漢字を覚えることが苦手ならば、「軽いという字は、くるま、カタカナのヌ、つち、だよね」というように、ことばで説明しながら頭に入れていく……そのような「工夫」を重ねた上で、それでも書けそうになければ、その時にはじめて手を持って、「一緒に書いてみよう！」ということをやってみる。

そして、そのあとには必ず、「自分で書いてみてもらう」のです。そうしなければ、「漢字を書きましょう」という指示に従ったことにはならないのです。

指示を渡すということは、「なんで書けないの？」ではなく、「どこまで指示を細かく、具体的に、わかりやすくすれば、書けるのだろう？」と考えることです。

支援者として、「相手がわかりやすく成功する指示」を出す責任は、「自分にある」ということを忘れてはいけません。

そして、２章でもお伝えしたように、その場でできるまで見届けてほめなければ、「指示に従ってよかった！うれしい！」とはなりません。

さらに言えば、次回以降も「その漢字が書けるようになったかどうか？」を常に意識し、「あ！この前の漢字、覚えてるじゃん！やるね！」とほめていくことで、子どもは、「指示に従ってできた」という自信とともに、他者の指示を受け入れて応えることに対して、ポジティブになっていけるのです。

「約束」と「指示」の混同

支援の現場で、「約束」を「指示」として使ってしまうことがよくあります。例えば、「他の子を叩いたりしないでね。約束だよ」などという場合です。

本来、約束とはお互いの合意で成り立つものですが、このような約束は、「この指示を守らなければ、あなたは私の信頼を失う」という一方的な宣言で、強力な「指示」になってしまいます。強力な指示に従うことができなければ、子どもは簡単に自信を失ってしまいます。

「子どもがまだできていないこと」を一方的に約束させてしまうとどうなるでしょうか？

まだできていないことは、失敗の可能性が高いことです。約束させてしまうと、失敗しやすいので自信を失ってしまうばかりか、「約束なんてどうせ守れないもの」「とりあえずしておけば相手が落ち着くもの」という間違った考え方を身につけてしまう可能性もあります。

つまり、支援者の約束の設定の仕方（間違った指示の出し方）で、子どもに自信を失わせ、間違った学習をさせ、その上、支援者は「あの子は約束が守れない……」と、何ひとついいことがありません。子どもとのコミュニケーションが完全に崩壊してしまいます。

支援の現場における約束は、「9割がた守れること」「あなたならきっとできると心から思えること」しか、約束してはいけないのです。

もしうまくいかなくても、支援者が少しサポートをすれば成功させることができるだろうという見通しが立っていることを、子どもは「やってみる！」と受け入れ、はじめて「約束」は成り立つのです。

1 疑問形ではなくはっきりと指示

「提案」＝「指示」ではない

支援者が、従ってほしい、本当は「指示」を出したい、という気持ちがあるのに、子どもに寄り添おうとするあまりに「提案」になってしまうことが現場ではよく見られます。

「提案」したのに子どもたちに拒否されると、「ダメです！○○してください」と、結局「指示」に変わってしまいます。

子どもにしてみたら、「この先生は、やるかやらないかを選んでいいと言ったのに、結局選ばせてくれないんだ」と、なってしまいます。

指示を出したい時は、正直に、しっかりと、はっきりと「指示」を出しましょう。

◯ 何かをしてもらいたいことの指示を出す時は、「○○してもらっていいかな？」と、疑問形で「提案」するのではなく、「○○します！」と、はっきりと「指示」を出します。はっきりと「指示」を出して、「イヤだ！」と言われても、「先生は座ってほしいです」と、はっきりと伝えます。

2 子どもがイメージできるように指示

指示に応えられない＝イメージができていない

指示を出したのに子どもがうまく応えてくれない時、指示をくり返したり、よりていねいに説明をしようとします。

「指示」そのものに固執してしまうと、指示の仕方を様々に変えてなんとか伝えようとしたり、応えてくれるまでどんどん指示をくり返し語気が強まってしまう、というようなことになりがちです。

子どもが指示に応えられない場合、そもそもどのような行動で応えるのが正解なのかを、イメージできていない場合がかなりあります。

指示を出す時には、支援者と子どもの頭の中のイメージを合わせることが大切です。

① 指示を出したのに子どもがうまく応えてくれない場合には、見本を見せることに戻ります。

② 見本を見せたら、改めて指示を出して、成功するかどうかを観察します。

3 子どもが確実にできることを指示

「頑張って、失敗、怒られる」をくり返すと……

わざと失敗しているように見える子は、今までにうまく指示に応えられなかった経験から、「何をしてもどうせできなくて、怒られる」という、あきらめがあることが多いです。

「どうせ怒られるのだから、頑張って失敗して自分にがっかりするよりも、最初からわざと失敗したり真面目にやらなかったりしたほうが、自分に対してがっかりしにくい」という考え方になり、わざと失敗する行動をくり返すようになります。

また、指示に「わざと逆らおう」とすることをくり返す場合には、二次障害の可能性を考えて、注意したり、叱ることは避けましょう。

① 本人がそもそもやりたいと思っていることで、しかも「失敗しようのないくらい簡単なこと」を、あえて指示にして出します。

② 「先生の出した指示にその子が応えた」という事実をたくさん積み重ねます。くり返すことで、子どもの「指示に応えることへの無力感」を減らします。

コラム「子どもの視点」③

「衝動性」の本質

みなさんは、「ADHD」と言われると、どのようなイメージを持つでしょうか？

教室の中でトレーニング中に席を立って歩き回る、周りの子どもに暴言や他害がすぐに出てしまう、集中力がなくすぐに別のことをし始める……などの、「落ち着かない」感じがイメージされるでしょうか？

ADHD の子どもは、「落ち着かない」というイメージから、「ずっと興奮し続けているのではないか？」と思われがちです。

しかし、医学的には ADHD の脳の仕組みはむしろ逆で、興奮しているのではなく、「低覚醒」という状態、つまり「寝ぼけている」状態に近いことがわかっています。

例えば、あなたがものすごく眠い状態で、高速道路で車を運転していたとしましょう。あまりに眠いと、ボーっとしてちゃんとブレーキが踏めないために、車が暴走してしまいますね。この、「ブレーキが上手にかけられない」ことこそが、「衝動性」と言われるものの本質なのです。

私は、このADHDの「衝動性の本質」を、子どものことばから実感したことがありました。

ある男の子が、小学２年生くらいまでしょっちゅう“おもらし”をしていました。図鑑を読むのが大好きな子で、図鑑を読みながらいつの間にかおもらしをしてしまう、というのが定番でした。

ある日、いつものようにおもらしをして、トイレで泣きながら着替えをしていた彼のところに行き、私は何気なく、「どうして、おもらししてしまうのかな？」と聞いてみました。

そうしたら彼は、泣きながら、「図鑑を読むのが……やめられないの……」と答えたのです。つまり彼は、「ブレーキがかけられない」のです。

「図鑑を読むのをやめてトイレに行かなければいけないことはわかっている」、しかし、「自分ではそれがコントロールできない」、そこに、「彼自身が苦しんでいる」ということに、私は気づいたのです。

私は、「これが、ADHDの『衝動性』の本質なのか……」と実感しました。それとともに、「発達障害を『イメージ』で捉えてはいけないのだ」「特性の本質を理解することと、目の前の子どもの困り感を真っすぐに見ることが大事なのだ」と気づいた瞬間でした。

「静かに」図鑑を読みながらおもらしをする、そんな「ADHD」だってあるのです。

4章 子どもが自立できる「トレーニングメニュー」を組む

私は、これまで全国で100教室を超える放課後等デイサービス、児童発達支援の現場に行かせていただきましたが、支援者のみなさんから、「この子の課題に合わせて、どんなトレーニングをすればスキルアップするでしょうか？」、「今私たちがやっているトレーニングは、本当にこの子のためになっているのでしょうか？」といった質問をよくもらいます。

多くの支援者は、子どもの課題を見つけ、それに向き合って、なんとか課題をなくそうとし、そのためにどんなトレーニングをすればいいのか？一生懸命に考えます。しかし、実はそこに支援の落とし穴があるのです。

嫌なことは続かない

●「課題」＝「苦手なこと」＝「嫌なこと」

トレーニングを行う時に、もっとも大切なことはなんでしょう？

課題を見抜く力でしょうか？課題に対して効果的なトレーニングメニューを考えられることでしょうか？トレーニングを上手に行い、子どもたちに自分の課題を理解させることでしょうか？

これらの視点を持って発達に凸凹のある子どもたちのトレーニングを行おうとしているなら、ちょっと立ち止まって考えてみてほしいのです。

子どもたちにとって、「課題」とはなんでしょうか？

多くの子どもたちにとって、それは、「苦手なこと」です。

みなさんは、自分が「苦手なこと」をやる時に、楽しい気持ちで取り組めるでしょうか？ほとんどの人にとって、「苦手なこと」を特訓させられることは、基本的には「嫌なこと」の場合が多いでしょう。子どもたちも当然同じです。

●「嫌なこと」＝「やらない」

そして、人間は「嫌なこと」を自分の意思ではなく誰かによってやらされている時には、当然ですが嫌な気持ちになります。その状態でやらされたトレーニングは、嫌な気持ちとともに記憶に残ります。そうすると、そのトレーニングで身につけたスキルを使う度に、嫌な思いがよみがえります。

そのようなスキルは、その後自分から磨こうとしにくくなり、積極的に使おうともあまり思わなくなってしまいます。

●「楽しいこと」＝「やり続けたいこと」

高校のころにやらされた学校の勉強、例えば高校数学を、今でも楽しんで自主的にやり続けている人がどれだけいるでしょうか？もちろん、数学が大好きで、問題を解くことが趣味だという人もいるでしょう。

しかし、ほとんどの人は高校を卒業して、数学をやらせようとする人がいなくなれば、もう数学はやろうとはしないでしょう。

親や先生から口酸っぱく「ちゃんと勉強しなさい」と言われたにも関わらず、今数学をやっていないのはなぜでしょう？「実際の日常生活に必要がないから」と考える人もいるでしょう。

では、部活はどうでしょう？高校のころに野球をしていて、卒業しても趣味として草野球を続けている人はたくさんいます。もちろん、日常生活に必要ではありません。

それをなぜ続けているかというと、「楽しいから」です。

部活でやっている時には、決して得意でなかったり、つらかったりすることもあったでしょう。でも、なんだかんだで、とても楽しかったし、そもそも部活は、自分で「やりたいことを選ぶ」ことから始めたものなのです。

楽しかった記憶とともにある活動は、それをやることを強制する人がいなくなっても、「楽しみ」として続けていくことができます。

つまり、高校を卒業して数学を続ける人があまりいないのは、ほとんどの人が「楽しくないのに数学をやらされて嫌だった」という記憶があるからです。

●「外発的動機付」はなくなればやらなくなる

発達に凸凹のある子どもたちのトレーニングでも、これと同じことが起きます。

そもそも苦手でやりたくないことを、先生たちが一生懸命やらせると「楽しくなくて嫌だなぁ」という気持ちで取り組むことになります。それでも、好きな先生が教えてくれるから、やったらほめてくれるから、やらなければ怒られたり残念そうな顔をされるのが嫌だから、などの理由で取り組みます。

そのような取り組み方は、「外発的動機付」、つまり「自分の外側にあるご褒美や罰」によって動かされている活動になります。

このような活動は、そのご褒美や罰を与える人がいなくなれば、いずれやらなくなってしまいます。

● 苦手に焦点を当てても未来につながらない可能性が

子どもが「苦手」な課題を取り出し、それに対して集中的にトレーニングメニューを組み、支援者が励ましながら取り組ませて、できるようにする、という一見当たり前に思えるこのやり方は、意外にも子どもたちの10年後の自立を妨げることにもなりかねないのです。

子どもの「苦手」に焦点を当てたトレーニングは、「子ども」の「未来」につながっていかない可能性があるのです。つまり、「キッズファースト」ではない可能性があるのです。

「やりたい！」が自立を育てる

● トレーニングはなんのためにするのか？

私たちが、発達に凸凹のある子どもたちを支援する目的はなんでしょう？それは、将来子どもたちが自立して、幸せな生活を送れるようになるため、です。

この、「自立」というのは、自分でできることは自分でやる、ということでもあります。

将来、自分でその行動をやらなくなるようなトレーニングは、意味がありません。そのスキルは自立につながるスキルとならず、周りの大人が「やらせて満足」というトレーニングになってしまいます。

●「内発的動機付」が将来のスキルに

トレーニングを子どもたちの自立に結びつけていくには、外発的動機付ではなく、「内発的動機付」、つまり「自分の内側にあるやる気」によって動かされている活動に取り組むことが大切です。

「内発的動機付」とは、自分が成長したい、自分の将来のためにやりたい、自分が得意だからやりたい、好奇心がくすぐられるからやりたい、という気持ちです。

この気持ちは、周りがそんなにほめたり励ましたりしなくても、続きます。

だからこそ、内発的動機付によって取り組んだトレーニングで身につけたスキルは、将来も自分でちゃんと活用しようと思えるものになるのです。

● 何ができないか？ではなく、何が得意なのか？

内発的動機付は、「成長」、「将来」、「得意」、「好奇心」などへの欲求によって突き動かされている状態ですが、これらのうち、小さな子どもでも内発的動機付につながりやすい要素はどれだと思いますか？

小学１年生の子が、「自分の成長のために、はさみを使うのを頑張ります！」と言うでしょうか？おそらく成長のためや将来のため、ではなく、「得意」と「好奇心」ですよね。

得意だからやる、面白そうだからやる、その「やってやるぜ！感」や「ワクワク！感」が、小さな子どもの内発的動機付には非常に大切なのです。

つまり、最初に子どもの課題を考えるのではなく、最初に子どもの「得意と好き」を考えるのです。

「この子の興味関心のあることはどんなことだろう？」
「この子はどんなものが好きなんだろう？」
「この子は何が得意なんだろう？」
「この子はどんなことをやってみたいと思っているのだろう？」

子どもの気持ちを、子どもの視点で考えることで、将来、その子の自立につながるスキルが身についていきます。

「この子は何が苦手なんだろう？」「何ができないんだろう？」と考えるのは、あとでよいのです。

好きなことでトレーニングを組み立てる

● できることで、好きなことが、組み方の基礎・基本

まずは、 苦手意識を持たなくてすみ、子ども自身が取り組んでも嫌な気持ちになったり、避けようとしたりしないことは何か？を考え、その子が「できること」のリスト化をします。

次に、子どもの「好きなこと」のリスト化をします。鉄道が好き、アニメのキャラクターが好き、こんな口調でしゃべるのが好き……一人ひとりの様々な好きなものはなんだろう？何をトレーニングの中に取り込んだら喜ぶだろう？先生がどんなふうにしゃべれば、喜んで自分からトレーニングに参加しようとするだろう？

子どもの心を、子ども自身の視点で読み取り、子どもが自分から「取り組みたい！」と思うようなトレーニングを組んでいく。これが、自立のためのトレーニングの組み方の基礎・基本です。

● 苦手なことは、好きなことでやる気を上げたあとに

「苦手なことはやらせなくていいのですか？」「それではいつまでたっても苦手なことができるようにならないし、成長しないのではないですか？」と考える方もいらっしゃると思います。

苦手なことを、やらないわけではありません。苦手なことは、得意なことをベースにして組んだトレーニングの中に、最後に少し、練り込んでいきます。

例えば、はさみの使い方が苦手だけど、直線切りならできる小学１年生の子どもがいたとします。その子は電車が大好きで、いろんな種類の電車を覚えて説明をするのが大好きな子だとします。

まずは、電車（＝好きなこと）をトレーニングのベースにして、直線切り（＝できること）からトレーニング内容を考えます。

表計算ソフトでＡ４用紙にトレーディングカードのサイズの枠をいくつか作って、そこに電車の写真を貼りつけて印刷する。それを、はさみで直線切りで切り分けて、１枚ずつのカードにしてもらう。裏側には、自由に電車の説明文を書いてもらう。または、上手に切れたら、先生が本人の言う説明を書いてあげる。

やる気がさらに上がるように、切ったカードはラミネートして、きれいに仕上げてあげる。

そんな活動でやる気がマックスになったところで、「最後に特別なカードを作ろう！」と言って、電車だけを形にそって苦手な曲線切りをして、キラキラシールに貼りつけ、ラミネートをしてキラキラカードを作ってあげる。

● 成功が積み立ててあれば、失敗もできる

まずは、モチベーションを上げ、成功させて、それから苦手なことにもチャレンジしてもらう。

苦手なことのチャレンジが例えうまくいかなくても、「できること」で成功を積み立てているので、本人の中で失敗のインパクトはすでに下がっています。これだけ成功したんだから、難しいことを１回失敗したくらい大したことではない、と思いやすくなるのです。

成功を積み立てられたトレーニングの中で起こった失敗は、それほど子どもの心を傷つけません。

● 子どもたちと楽しいコミュニケーションを取っていく

子どもの視点に立ってトレーニングを考える時に、前提となることは、支援すべき子どもを目の前にした時に、「大人の視点」で「できないこと」ばかりを見ないで、まず、「できること」に目を向けられるように、自分の考え方をセッティングすることです。

そのためには、子どもたちの「好きなことは何か？」「興味関心のあることは何か？」を知るために、日々、子どもたちと楽しくコミュニケーションを取っていくことです。

子どもたちと対話もなく、大人の「したい」を押しつけても、それは決して子どもの未来につながる、自立に向けたトレーニングにはなりえません。

子どもができることを、よりスムーズにできるようなトレーニングの組み方、そして、その中に少しだけのチャレンジを入れていくトレーニングの組み方が、子どもの視点に立った、キッズファーストなトレーニングを考える重要なポイントです。

「ギリギリできる」は使えないスキル

少ししか苦手なことに取り組まなかったら、できることが減ってしまうのではないか？トレーニングをするなら、少しでも「できることを増やしてあげたい」と考える支援者もいるでしょう。

しかし、これも支援者側の「してあげたい」ではなく、子どもの側の視点で考えてみてほしいのです。

支援者が、サポートをしながら、子ども自身が「できるかできないか、ギリギリのところ」を狙って、少しでも「できること」を増やしてあげたいとします。

しかし、「ギリギリできるようになったこと」は、当然それほど高いスキルではありません。ギリギリなのですから。

周りの子どもたちと比べた時、「自分がすごく頑張ってできるようになったことなのに、周りの子どもたちよりもできていない」とわかった時、発達に凸凹のある子どもたちの心は、ギリギリでできた時のほうが傷つきやすくなります。

そのような「あまりうまく使えないスキル」をたくさん増やしたところで、現実の生活の中で「使いこなせる」スキルにはなりません。

それよりも、ある程度できているスキルを、もっと上手に、もっと早くできるようになれば、それは実際に使いこなせるスキルとなっていきます。

だからこそ、「できること」に注目し、リスト化しておくことが重要なのです。

キッズファーストの「**トレーニングメニュー**」

◯「身体スキル」トレーニング

1 周囲を観察して判断が必要な運動

生活全体のスキルの向上を重視

身体スキルのトレーニングメニューを組む時には、体力や筋力、技術力の向上よりも、「周囲の状況を分析して判断する力」の向上を重視するのがオススメです。

身体スキルを向上させようとすると、「学校でできていない運動」、跳び箱や縄跳び、鉄棒などの練習をして、「できないことをできるようにする」ことが重視されがちです。

これらの決まった動きをする運動は、ひたすら反復練習をくり返せばある程度できるようになりますが、他の運動に応用しにくく、また、「生活の他の場面で使える能力」にもなりにくいです。

そのため、身体スキルのトレーニングメニューは、「毎回周囲を観察して何かの判断をしなければならない」運動で、しかも、「複雑なスキルがいらない」運動メニューを中心とすると、生活全体のスキルが向上しやすくなります。

例 ① しっぽ取り

ズボンの腰にしっぽをはさんで、自分のしっぽを守りながら相手のしっぽを取る、鬼ごっこに似た遊びです。なるべく身体能力の差をなくすために、走らずに早歩きでやります。

例 ② ミラードリル

相手と向かい合って、相手の動きを鏡のように真似します。速く反応するだけではなく、支援者がわざとゆっくり動いたり、急に速く動いたり、楽しくするために変なポーズをしてみたりして、動きにバリエーションをつけましょう。

2 「家に帰ってやってみたい！」トレーニング

家に持って帰れて、興味と関心を持つもの

生活スキルのトレーニングメニューを組む時に、教室で練習できないことは、家で「やってみよう！」と、モチベーションを上げて帰すことを重視するのがオススメです。

知識をどう叩き込むか？どう正しく理解させるか？を考えるよりは、「家に帰ってやってみたい！」と思えるようなワクワク感を持って帰ってもらいましょう。

例えば、「お風呂の入り方」をテーマにトレーニングをしたとしても、教室では実際にお風呂に入ることはできません。その場合に、プリントなどを使ってお風呂の入り方を知識として叩き込んでも、家で実践してくれなければ実際の生活で使うスキルとしては伸びていきませんし、習慣化しません。

「何をすると子どもが興味関心を持ってくれるか？」というトレーニングの作り方をしましょう。

例 お風呂の入り方

「石鹸は泡立てて使った方がいい」ので、100円ショップの三角コーナーネットなどで、自作の泡立てスポンジを作る練習を教室でします。その場で石鹸を泡立てる実験をした上で、スポンジを自宅に持って帰ってもらえば、「お風呂で石鹸を泡立てて、体を洗ってみようとする」、ということが起こりやすくなります。

教室で

家に帰ってから

3 学ぶことの「面白さ」「楽しさ」を教える

学校ではやらないことで学びの楽しさをアップ

学習スキルのトレーニングメニューを組む時には、「学校ではやらないこと」をやって、学びの楽しさをアップさせるのがオススメです。

学習の支援は、学校の勉強でわからないこと、遅れがあること、苦手なことを、なんとか周りに追いつけるようにと支援することがあると思います。

しかし、少しでも「学ぶことが面白い、楽しい！」「学んだことを役に立てたい！」と思えるような、勉強の「見方」を教えることをオススメします。学校と支援の場の役割分担にもなります。

支援の現場では、なるべく「現実社会での生活」に結びつけて様々なスキルの「見方」を教える、という考え方をベースにするとよいでしょう。

例 ① 算数であれば、自分が割り算を生活の中で実際に使う時はどんな時か？を考えます。例えば、「学校で習っている割り算は、大人になったらみんなでご飯を食べに行った時に『割り勘』をする時に使うよ」と伝えて、スマホの電卓アプリを使って、「割り勘」の練習をしてもらいます。

例 ② 作文であれば、「自分が書いたラブレターの話」をして、興味を引いた上で、気持ちを伝える文を書く練習をしてもらいます。

凸凹コラム「子どもの視点」④

過敏への対応と「パターナリズム」

「パターナリズム」ということばを知っているでしょうか？医療や福祉の世界では、「強い立場にある者が、弱い立場にある者の利益のためだとして、本人の意志は問わずに介入・干渉・支援すること」というような定義がされています。

私の経験上では、発達に凸凹のある子の支援の現場では、「感覚過敏」のある子への対応、特に「聴覚の過敏」のある子への対応が、パターナリズムになりやすい、と感じています。

聴覚に過敏がある子が教室にいると、支援の知識がある程度ある人であれば、「イヤーマフ」という、音を遮断するヘッドホンのようなものをつけさせようとすることが多いです。私も以前は、「それで子どもが楽になる！」と、よくやっていました。

しかしある時、私の心理学の師匠の先生から、「聴覚が過敏な子には、大きく分けて2通りあって、本当に聞こえ方が敏感な子と、そうではなくて『よくわからない音に対する不安』が大きい子がいるんです」ということを教わりました。

また、「不安が大きいタイプの子は、音を遮断すればよいというだけではなく、例えば教室の全体が見渡せる場所に座らせるなど、『音がどこから発生するのかがよくわかる場所』にいれば、不安が減って落ち着いて過ごせることがあるんです」とも教えてもらいました。

その時から私は、少なくとも「この子はどっちだろう？」と観察したり、子どもと話し合ったりしてから、取るべき対応を決めるようにしています。

ある教室に研修に行った際に、いつもイヤーマフをしている小学1年生の男の子がいたので、試しに一番後ろの全体が見渡せる席に座ってもらいました。すると、たったそれだけで、その子はイヤーマフをせずにトレーニングの時間を過ごすことができていました。

ここで大切なのは、「ほら、こうしたらイヤーマフなんていらないだろう？」という、次のパターナリズムに陥らないことです。ていねいに、子ども自身に「やってみたらどうだった？」「不安が少し減ったかな？」「またこうしたい？」と、確認をとりましょう。

パターナリズムの反対語は、「マターナリズム」と言います。「相手の同意を得て、寄り添いつつ、進む道を決定していく方針」のことです。まさに、キッズファーストであり、支援の本質ですね。

5章

子ども自ら「切り替え」られる合理的な支援

発達に凸凹のある子どもたちの支援の現場に行って、非常によく聞く質問のひとつが、「子どもがなかなか切り替えができません。どうしたら切り替えられるようになりますか？」というものです。

ADHDがある子であれば、衝動性のために、ASDのある子であれば、こだわりや儀式行動（本人の中のルールで一連のルーチンを終わらせないと気が済まない）のために、今やっている行動をなかなか切り替えられない、ということが起こります。例えば、ゲームを始めるとやめられない、図鑑を見始めると何度もくり返し同じページを見て次の行動に移れない、などです。

「切り替え」には脳の機能が関係している

● スケジュール通りに動けない子どもたち

発達に凸凹のある子どもたちは、行動の切り替えができずスケジュール通りに動けないことがよくあります。

● 一生懸命やっていると時間が……

そのパターンのひとつに、「時間制限を忘れる」があります。

いくつかの指示を同時に覚えたまま行動をするためには、ワーキングメモリーという能力が関わっているとされています。このワーキングメモリーに弱みがあると、複数のことが同時にできにくくなります。

例えば、お母さんから「10分で着替えなさい！」という指示を受けたとします。その子は、「10分で着替える」という指示を頭の中にとどめておきながら、着替えをします。

まず、パジャマを脱いで、靴下を履き、ズボンを探して、ズボンを履いたら、次に肌着を探して着て、次に上着を……。

考えながら着替えをしているうちに、いつの間にか「10分で着替える」という指示は、頭の中から飛んでいきます。

一生懸命に着替えをしているうちに10分が過ぎたことに気づかず、ハッとした時にはもうお母さんに怒られている……というようなことが起こります。

● 切り替えよう思っているのに…

「切り替えようと思っているのに先に進めない」というパターンもあります。

ASDで感覚の過敏、特に聴覚の過敏があったとしましょう。聴覚に過敏のある子どもの場合、トイレで手を洗ったあとに手を乾かす「ジェットタオル」の音が苦手、ということがよくあります。

この聴覚過敏に、こだわりが重なってしまうと大変です。「トイレに行ったら、手を洗って、乾かしてからトイレを出なければいけない」というルールがガッチリと頭の中に入ってしまっていて、その行動をしないと次に進めないという特性があったら、どうなるでしょう？

お母さんは、早くトイレから出てきて次の行動を取ってほしいわけですが、本人はトイレを済ませて手を洗ったあと、ジェットタオルの音を聞くのが嫌すぎて、その場で固まってしまう。でも、手を乾かさないとトイレから出てはいけない……。

「切り替えようと思っているのに先に進めない」という状況が発生します。

● 子どもの視点から見ると様々な理由が

大人の視点で見れば、どちらも「切り替えができない」になってしまいますが、改めて「子ども自身の視点」から見ると、「脳のワーキングメモリーの特性により、指示を忘れてしまう」であったり、「切り替えようとはしているが、聴覚の過敏により強い不安を覚えて、でもこだわりによって、それをやらずには先に進めなくて、パニックになっている」であったりするわけです。

大人の側が、「切り替えができない」ということばでひとくくりにしている状況が、実は子どもの視点から見ると、様々な理由があることがわかります。そしてそれは、「脳の機能」によるものなのです。

●「脳の機能」はコントロールが難しい

一人ひとり違う脳の機能のあり方は、今の医学では変えることはできません。脳の機能の働き方を薬によって穏やかにしたり、活発にしたりすることはできなくはありませんが、それができるのはごく限られた機能だけです。ましてや、子ども本人が自分自身の脳の機能をコントロールする、などということは、そもそも非常に難しいのです。

努力が足りないとか、甘えているとか、精神論や根性論で対応できるような問題でもありません。

子どもの視点に立って、「何が原因で切り替えができなくなっているのか？」をひもといて、合理的に対応していくことが大切です。

原因は観察をし続けて見つけ出す

課題となる行動を最初から最後まで観察

では、どうやって原因をひもといていけばよいのでしょう？

私たち支援者にとって基本となるのは、３章でもお話ししたように「子どもから目を離さないこと」です。

課題となっている子どもたちの行動の「最初から最後まで」を観察し続けることが、原因のひもをとくためには大切です。

なかなか切り替えができない、という時に、保護者だとどうしても「切り替えてほしいその時」にばかり目を向けてしまいます。これは家事や自分の仕事をこなしながら、自分の子どもを見なければいけない保護者にとっては、しょうがないことです。子どもの行動を、端から端まで見続けていることはなかなかできません。

しかし、私たち支援者は違います。プロとしてお金をもらい、子どもたちのよりよい成長、よりよい将来のために、子どものコーチングをしているのです。

● 観察して行動の「ストーリー」を読み取っていく

子どもたちの行動上の問題の原因を見つけ出そうとする時に、行動の瞬間を見ても、なかなか成功しません。見続け、確認することによって、はじめて課題を見つけ出すことができます。

先ほどの着替えの例であれば、指示を受けてから、「着替え始めて着替え終わるまで」に、何が起こっているのかを、通して確認します。

トイレの例であれば、「トイレに行ってから、終わって出るまで」の間に、何が起こって、どこで行動が滞ってしまっているのかを見続けます（トイレの場合は、同性の支援者が対応するなどの配慮が必要になってきます）。

行動の流れを意識して、時間軸で行動を捉え、その行動がうまく流れなくなっていく「ストーリー」を、子どもの視点から読み取っていきます。

●「大人がしてほしいこと」の視点にこだわると

その際に邪魔になってしまうのが、序章でもお話ししたように、「大人がしてほしいこと」の視点にこだわってしまうことです。

子どもの行動を、大人の側がしてほしいことと比べながら見ていると、「あ～、なんでここでこうしないんだろう……」「こうすれば簡単なのに！」と思ってしまうことで、子どもの側の困りごとを見落としてしまいます。

気づけたとしても過小評価してしまい、「もっと時間を意識すればいいのに」「ジェットタオルなんてすぐ終わるのに、ちょっと我慢すれば……」と、そもそもできていないことを「なぜできないのか？」と問う堂々巡りに陥ってしまいます。

できないことへの対応「3つのポイント」

● 基本ポイント3つ

では、この「そもそもできていないこと」にどのように対応していけばよいのでしょう？基本のポイントは3つです。

① 他人に助けてもらったり、道具を活用する。

② 簡単なことから、徐々に自分でできるようにしていく。

③ うまくいっていないことの、頻度・強度・持続時間を下げる。

これらのどれかの方法を使うことはできないか？を、まず考えてみましょう。
「着替えているうちに時間制限を忘れてしまう」の例で説明します。

●①は、自分で気づける道具を使うことも大切

①の方法を使う時は、制限時間の10分を本人に意識させるのではなく、残り5分、残り3分、残り1分といった声かけをしてあげることで、時間を意識しながら着替えることができるようになることがあります。
ただそれでは、自分一人で時間を意識して作業ができるようにはなかなかなりません。スマートフォンのアプリやキッチンタイマーを使って、一定時間でアラームが鳴るようにして、自分で気づくことができるように練習することが効果的です。

●②は、行動を分解してステップアップしていく

②の場合は、「いくつかの行動を同時に行っていること」が課題となっているわけです。
着替えをし「ながら」だと、時間のことを忘れるのであれば、「着替えの準備」と、「パジャマを脱ぐこと」と、「準備した服を着ること」に、行動を分解してみましょう。行動は分解すればするほど、一つひとつの行動は簡単になっていきます。

「着替えの準備」は、時間制限を設けず、自分が着る服を揃えることに集中してもらいます。そして、パジャマを脱いだあとに、準備した「服を着る」を、例えば３分の時間設定をして、ただ着るだけを３分でやり切ってもらいます。

「時間を意識」しながら、「着替えを準備」しながら、「パジャマを脱ぎ」ながら、「服を着る」では、４つの行動が重なってしまいますが、難易度を下げて、「時間を意識」しながら「服を着る」、この２つだけに絞れば、時間を意識することができやすくなります。

２つがしっかりできるようになったあとに、３つ、４つと行動を重ねていきながら、ステップアップしていくのです。

● ③は、解決ではなく軽減に重点を置く

③は、他の方法とはかなり考え方が違っていて、「行動上の問題は起こっていてもよい」と考えます。問題をなくす、解決するということではなく、「軽減する」ことに重点を置きます。

多くの行動上の問題は、頻度＝しょっちゅう起こること、強度＝起こった時に非常に強い反応が起こること、持続時間＝一度起こるとその状態がかなり長く続いてしまうこと、によって、「問題だ」と周りの人が感じるようになります。

あまり起こらないことであったり、起こっても大した反応がなかったり、起こってもすぐに終わったりするようなことであれば、あまり「問題だ」と思われないものです。

うまくいっていない行動の成功する頻度を少しでも上げていく考え方のコツとはなんでしょうか？

「制限時間を意識し続けることが難しい」という問題の場合、強度や持続時間はあまり問題になりません。問題になるのは頻度で、しょっちゅう制限時間を忘れてしまうことでしょう。

しょっちゅう制限時間を忘れてしまうということは、「いつも100％制限時間を忘れる」ということではない、つまり、「成功している時もある」と考えます（100％必ず忘れるという場合には、③の方法は使いにくいと考えましょう）。

うまくいっていない行動の成功する頻度を上げる考え方のコツは、失敗に焦点を当てるのではなく、「成功」に焦点を当てることです。

失敗したやり方にいくらこだわっても、成功にはなかなか結び付きません。偶然であっても成功できた時、よく観察し、なぜ成功できたのか、その理由を探りましょう。

例えば、制限時間を意識して着替えができた時に、何か音楽を流していて、その子が「その曲が終わるまでに着替えよう」としていて成功していたとしましょう。そうであれば、また同じ音楽を流せば成功しやすくなるかもしれません。

過去に成功した時のポイントをなぞることで、成功しやすくなり、成功が増えると、他の成功しやすくなる方法もさらに生まれやすくなってきます。

● 失敗を追い詰めないで、失敗の頻度を下げていく

そうやって、失敗の頻度を下げていくことで、徐々に問題が起こりにくくなっていくようにトレーニングしていきます。

そのためには、失敗した時に叱ったり、注意しすぎたり、「なんで！？」と追い詰めたりしないことが、非常に大切になります。

これは、４章で説明したトレーニングの組み立て方と共通したものです。

発達に凸凹のある子どもたちが、うまく切り替えができず、行動が滞ってしまう場合に大切なことをまとめると、

・行動を最初から最後まで「観察」すること
・その中でうまくいかなくなっている「理由を探る」こと
・理由に合わせて、対応法を「合理的に選択」していくこと

です。

そして、大人の側の「してほしい」をいったん棚上げして、キッズファーストで行動を分析する、ことが大切です。

「嘘」はダメ！絶対！

切り替えがうまくいかなかったとしても、子どもに対して「嘘」をついて「脅す」ことは絶対にしてはいけません。

例えば、DVDを見るのをやめて、おやつを食べてほしいとします。DVDを見るのをなかなかやめられない子どもに対して、「そう！じゃあ、もうおやつはいらないんだね！」とか、「やめられないんなら、おやつはもう食べられないよ！」などの発言は、長期的に見て非常に大きな悪影響を生みます。

「おやつはいらないんだね！」のような、子どもが一言も言っていないことを勝手に決めつけることや、「食べられないよ！」と言っておきながら、なんだかんだで食べさせるというのは、子どもの視点から見れば「嘘」ですし、「脅し」と捉えられます。

そして、子どもとしては、嘘が押し通されたり、脅すだけで実際には罰が実行されなかったりするのを見て、「大人は嘘つきだし、言っていることはだいたいただの脅しなので、従う必要はないな」と考えるようになり、大人に対する信頼感が大きく低下し、子どもにとって、指示を聞いて切り替える価値がなくなってしまいます。

嘘をつかないためには、自分がしてほしいことを正直に伝えることが大事です。先ほど、大人側の「してほしい」をいったん棚上げしましょうと言いましたが、嘘をつくことで信頼を損ねることに比べれば、「してほしい」と正直に伝えるほうがはるかにマシです。また、「悲しいよ」など、真剣に自分の気持ちも伝えることもポイントです。

1 大きな声で「切り替え」の指示を出す

静か〜に、穏やか〜にはブレーキにならない場合も

行動を切り替えてもらうのに、怒りを込めて伝える、嫌悪感をあらわにして叫ぶなどは、長期的に見て逆効果ですが、「大きな声を出す」こと自体は効果があります。

「支援では叱らないことが大切」ということを曲解してしまい、切り替えてほしいのに穏やかな声でゆっくり、ついたり離れたりしながら、何度もくり返し「切り替えてもらえるように説得する」という支援の仕方がよく見られます。

しかし、ADHDで衝動性が強い特性があり、自分にブレーキがかけにくい特性のある子どもであれば、「やめなきゃ、切り替えなきゃ」ということがわかっていても、自分ではブレーキがかけにくく、困っているパターンもあります。そのような時に、静か〜に、穏やか〜に声かけをしても、ブレーキにならない場合もあります。

◯ 穏やかな声で声をかけても、一度で切り替えができない時、子どもが「ハッ」としてブレーキがかかりやすくなるように、明るく元気に大きな声で指示を出します。

穏やかに声をかけても、切り替えができない時

2 目線を合わせて「切り替え」の指示を出す

子どもの注意を向けられる範囲を捉える

「相手（子ども）の注意を捉える」ことをしてから、切り替えのための指示を出します。

よく、「子どもと話す時は視線を合わせて」と言われますが、特性によってはかなり近くで、かなり同じ高さで視線を合わせなければ、注意を向けてもらえないこともあります。

特にASDの子どもの場合、注意を向けられる範囲が非常に狭いことがあり、その範囲の外から口だけで指示を出しても、自分に対する指示だとはわからないことがよくあります。

指示が通りにくく、その結果切り替えができない子どもでも、「子ども自身の視野」の中にしっかりと入り、注意を向けてもらった上で指示を出せば、指示を受けて、切り替えられる可能性が上がります。

◯「子ども自身の視野」をイメージして、その中にしっかりと入り、注意を向けてもらった上で指示を出します。

子どもの視野に入っていないと

子どもの視野（目線の高さ）に入っていると

3 切り替えられたらまずほめる

大人が望む行動より自分で行動を進めていける力を

急がば回れのことば通り、発達に凸凹のある子どもたちは、切り替えてすぐに大人が望む行動まで取れるようになるわけではありません。時間をかけて、スムーズな行動の流れを、少しずつ積み上げていきましょう。

子どもが、切り替えたあとに「やっと切り替えてくれた」と思い、せっかく行動が前に進んだのに、説教をしてしまったり、嫌味を言ってしまったり、そのあとに望む行動を取ってくれるまでほめなかったり、してしまうことがあります。

大切なことは、切り替えが苦手な子どもに対しては、切り替えられたその瞬間に「ほめる」ことです。

大人が望む行動を取れる子どもをつくるのではなく、自分で行動を前に進めていける力を、子ども自身がつけられるようにすることが、私たち支援者の仕事です。

◯ 切り替えて前に進めたことそのものを、まずほめて、切り替えられた自分に自信が持てるようにしていきましょう。

凸凹コラム「子どもの視点」⑤
「人の気持ちがわからない」と「人懐っこさ」

発達に凸凹のある子の支援を考えていく時に、どうしても「障害特性」の話に意識が集中してしまうことがあります。

しかし、人間は「障害の特性」だけでできているわけではありません。その人の「性格」や「知的能力（記憶力など）」や「情報処理」といった特性は、障害の特性とは別に、その人の中にあります。

「ADHD の衝動性とは、自分にブレーキがかけにくい状態」という話をしました。もし、高速道路を走る車であれば、ブレーキがかけにくいと車は暴走してしまいます。逆に時速 2、3 キロで走っている車であれば、ブレーキがかけにくかったところで、すぐ止まるので、大した問題は起きないでしょう。

同じように、もともと活発で行動的な子どもが、ブレーキがかけにくければ、わかりやすく多動の状態になるでしょう。もともとおとなしく消極的な子どもは、ブレーキがかけにくかったとしても、それほど多動の症状は現れてはこないでしょう。

その子にどんな問題が起こるか？というのは、その子の中にある複数の特性の「掛け算」なのです。

同じように、ASDの子には、「あまり他者と関わらない」「自分に閉じこもる」というようなイメージを持ちがちですが、「他人の気持ちがわからない」というASD特有の障害特性と、「人懐っこいかどうか」という性格上の特性は、別々に子どもの中に存在しています。

ある時私の教室で、小学4年生の男の子が高校2年生の男の子とLINEの交換をし、それがあまりにもうれしかったようで、1日に何十件もLINEを送ってしまい、高校生の子がまいってしまった、という問題が起こりました。

これは、「人懐っこいけど、相手の気持ちはわからない」という掛け算で発生した出来事です。

ちなみに、結局どうなったかというと、私たちスタッフが本人にどう伝えようかを考えあぐねていた間に、高校生の子が、「この子のため」を考えて、「何が困るか？」ということを、自分の性格なども含めて、優しく説明してくれたのです。この高校生の子は、普段はASD特性が強めで、他者とのコミュニケーションに消極的な子なのですが、頑張って伝えてくれました。

結果として、先生から説明するよりも、その小学生の子にはずっとストンと話が落ちたようでした。

子どもたちの優しさや勇気、という特性が光る時、それが支援をしていて一番うれしい時ですね。

発達凸凹の子のための本当の「環境」設定

近年は、発達に凸凹のある子どもたちの支援方法がずいぶん広まってきたように思います。

これまでは、「日本の学校にいかに適応させるか？」が子どもたちの支援のテーマになっていました。「世間の常識」に合った言動ができるように、子どもたちを「矯正する」というような発想で、支援がなされてきたように感じています。

しかし、発達障害の理解が進み、様々な支援の研究と実践が積み上げられていく中で、発達障害は障害ではなく、「多様なあり方のひとつ」という考え方が徐々に浸透してきました。

発達に凸凹のある子どもたちの独特な言動を、「矯正」するのではなく、「独自の文化」と捉えて、周囲の人がその世界を理解しようという考え方に変わりつつあります。

このような考え方で支援をしていく上で、非常に重要視されるようになってきたのが、「環境設定」です。

環境設定は誰のためなんのため？

● 環境設定には越えなければいけない「ハードル」がある

ASDの特性が強い子どもは、「状況判断が苦手」という特性があります。そのため、「このあと何があるんだっけ？」と、先の読めない状況に陥ると、強烈な不安に襲われてしまうことがあります。

これを避けるために、その日１日の予定をホワイトボードなどにぱっと見てわかるように、何度でもくり返し確認できるように、見える化をすることで、つまり「環境設定」をすることで、不安を抑えて行動しやすくなるわけです。

このような「発達凸凹の子どもたちが過ごしやすくなるような環境設定」が重視されるようになったことは、子どもたちにとってはとてもありがたいことでしょう。

しかし、私は支援の現場でこれらの知識・技術を活かしていくためには、もうひとつ、「越えなければいけないハードル」があると思っています。それは、これらの環境設定が、結局、学校でうまくいくように使われていることが多い、という「ハードル」です。

● 大人たちの願望が作っているように思える環境設定

「環境設定」には、発達に凸凹のある子どもたちが、「『普通の子どもたち』と同じことができるようになってほしい」という周りの大人たちの願望があるように、私には思えるのです。

教室では、ホワイトボードの周辺に、子どもたちの注意が向きやすいものを置かないように、環境設定をすることが多いと思いますが、それは、「子どもたちが前を向いて座り続けられるように」という考え方に基づいています。

また、プリントに取り組む時に、文字を書くのが苦手な子の前には、ひらがなを大きく印刷し、書き順も色分けして示された50音表を置くことがあります。それも目的は、「プリントに適切に文字が書けるように」ということになります。これらの環境設定により、確かに子どもたちは楽になります。

しかし私には、その裏に、子どもたちに自分たちがイメージする「よい子」になってほしいという願望があるように思えるのです。

また、環境設定を行い子どもたちは楽になったものの、楽になった分だけ、どうしても大人たちは、「楽になったんだから、できるでしょ？」という別のプレッシャーをかけやすくなってしまっているように思えるのです。

● 子どもたちが「何をしたいか」が見える環境設定を

そもそも、発達凸凹の子どもたちのための環境設定は、子どもたちが大人になった先の「未来のため」にされるものです。

周りの大人たちが、「何をしてほしいか？」ではなく、子どもたち自身が、「何をしたいか」を安心して考え、発信しやすくするためのものです。

周りからの期待を勝手にのっけてしまうのであれば、それはキッズファーストの観点からの「環境設定」にはなりえないのです。

「学校」と「社会」の環境の違い

● 日本の学校教育について考えてみる

では、私たちが作りたい環境とはなんでしょうか。それを考えるために、まず日本の学校の環境について考えてみます。

日本の学校は、いわば「多数派のための学びの場」として進化してきました。小学校であれば30人程度、中学校以上であれば40人程度の学級を文部科学省は「標準」としています。

30人の子どもたちをたった1人の先生が教えて、1年経てば、だいたい同じように学習内容を理解して次の学年に進んでいく。

これが可能なのは、人間は1年ごとに学年を区切ると、「だいたい同じように発達する」ということを前提としているからです。

この、「だいたい同じ」の前提がなければ、たった1人の先生が30人の子どもたちを教えるということは基本的に成立しません。

つまり、日本の学校の先生というのは、別の言い方をすれば、「多数派を導くスペシャリスト」だということです。

日本の学校教育は、100年以上をかけて、多数派のための教育をブラッシュアップしてきたのです。

● 発達に凸凹のある子どもたちに合わない環境

しかし、私たちが支援の対象としているのは、発達に凸凹のある子どもたちです。発達に凸凹があるということは、「だいたい同じように発達する」という前提から外れるということです。

それは、発達凸凹の子どもたちは、基本的には日本の学校の教育には合わない、ということでもあるのです。

海外では、学校がこのような「多数派のための教育の場」であることをすでにやめた国もありますが、日本ではまだまだそのような考え方は浸透してはいません。

発達に凸凹のある「少数派」の子どもたちは、日本の学校の中で用意された「特別支援教育」を受けるか、普通級の中で多数派のための教育に適応していくか、どちらかを余儀なくされているのが現状です。

「現在の日本の学校教育は、基本的に発達に凸凹のある子どもたちには合わないようにできている」ということを、私たち支援者はもっと真剣に考えなければならないと思うのです。

●「学校」と「社会」では環境が全く違う

ここでみなさんに質問です。みなさんは、これまで30人でひとつの仕事に取り組んだことがあるでしょうか？

もしかしたら、ある方もいらっしゃるかもしれません。大きなイベントなどを扱う仕事をしていれば、ありうることです。

しかし、多くの方は、おそらく10人以内のチームで仕事に取り組んできた経験が多いのではないでしょうか。

もうひとつ質問をします。みなさんは、これまで、年齢別（学年別）に仕事に取り組んだことがあるでしょうか？

こちらは、ほぼそんな経験を持っている方はいらっしゃらないでしょう。

これを考えると、30人が学年別で何かひとつのことに取り組む「学校」という場所が、いかに特殊な場かがわかると思います。

しかし、大人たちは「学校でうまくいかないやつは、社会に出てもうまくいかないんだ！」などと言ってしまいます。そもそも、学校と社会ではあり方が全く違うにも関わらずです。

●「社会」の環境に近い放課後等デイサービス

社会に出れば、同じ学年の30人で何かをすることなどほとんどありません。10人以内のチームで年齢も能力もバラバラな人同士が協力しあって何かを行うことのほうが、社会に出てよくある状況です。

この状況に近い「環境」が、私たちが支援を行う放課後等デイサービスという場です。つまり、放課後等デイサービスは、学校よりずっと社会に近い環境なのです。

であれば、特殊な場である学校でうまくいかなかったとしても、社会に近い放課後等デイサービスで楽しく過ごし、活躍することができていたとしたら、その子は社会で活躍できる可能性が十分にあるかもしれないということです。

キッズファーストな「大人の思い」がある環境

●「大人の思い」がどこにあるかが「ハードル」になる

もう一度、「乗り越えなければいけないハードル」のことを思い出してください。

キッズファーストを意識している支援者たちは、子どもたちが例え学校でうまくいかなくても、第三の居場所でうまくいくことに力を注いでいます。ただし、「うまくいく」とは、周りの大人の「思い通りにいく」ということではありません。

私は、３章の「①『指示』はコミュニケーション」で、こちらの意図が相手に正しく伝わり、相手がそれに適切に応えることが大切だと言いました。大人の意図に子どもが応えることを改めて考えてみると、今お話ししていることと矛盾しているように感じるかもしれません。３章で言っていることは、「大人の思い通りにうまくいく」ことが、コミュニケーションでは大切であるかのようにも聞こえるでしょう。

しかし、ここで言う「大人の思い」が、まさに「ハードル」なのです。

それは、周りの大人の思いが、「キッズファーストなのか？」それとも、「今ある社会ファーストなのか？」です。

子どもの視点に一緒に立ち、「最初の一歩を『さあ一緒に踏み出そう』」という、キッズファーストな「大人の思い」なのか？

それとも、今ある社会の側から子どもを見て、「早くこっちに来て！」という、社会ファーストな「大人の思い」なのか？

もし、後者であるならば、必要なのは今ある社会の側を取り囲んでいる柵を乗り越えて、子どもの側まで歩いて行き、寄り添って立つことです。

そして、「今」「この子が」、「これができると嬉しいだろうな」「楽しいだろうな」そして、「それはこの子の未来につながっていくだろうな」というキッズファーストな「大人の思い」を持って、指示に応えてもらうことが大切なのです。

● 本当に必要な環境はキッズファーストな「大人の思い」

キッズファーストな「大人の思い」で子どもたちとコミュニケーションを取る支援者が周りにいれば、子どもたちは「周りと比べてできない自分」を恐れてチャレンジすることをしなくなったり、「周りの期待に応えられない自分」を憎んで心が傷ついたりすることを、少なくできるでしょう。

支援の現場において本当に必要なのは、そのような「大人の思い」で設定された「環境」なのです。

第三の居場所の役割とは

学校という場所は、実社会とはかけ離れた環境であるにも関わらず、そこで教えられる「常識」の力は、子どもたちの心を強く縛ります。

学校で何度も失敗をくり返し、先生や同級生から「そんなことでは社会に出てうまくいかないぞ！」と言われる。

発達に凸凹のある子どもたちは、先にお話ししたように、「このあと何があるのだろう？」という、見通しがはっきりしない状況が苦手です。そんな子どもたちが、「お前はうまくいかない」と言われ続ければ、未来は楽しいものには決してならず、不安にまみれたものになってしまうのです。

それに耐えられなければ、繊細な心を持つ子どもたちの心はポッキリと折れてしまい、不登校や引きこもりへとつながってしまいます。

だからこそ、私たちは学校や家庭以外に、「第三の居場所」を作る必要があるのです。

「学校でうまくいかない？でもここで楽しく過ごせているじゃないか。学校と社会は全然違うよ。むしろ、こっちの方が社会には近いよ。だから、ここでうまくいっていれば、社会に出てもうまくいく可能性は十分にあるよ」と子どもたちに言える場所。

その場所で、安心して楽しく過ごせる環境を作ること、これこそが、私たちが行うべき環境設定だと思うのです。

1 極限までシンプルに

禁止事項で全てを注意するのは難しい

いつでも守らなければいけないルールは、極限までシンプルに、数を絞って壁に貼りましょう。

禁止事項を印刷して壁に貼っている教室は多くありますが、その中には、いくつものルールが壁中に大量に貼られている教室もあります。

しかし、「全てを事前に注意する」ことは、ワーキングメモリーが弱い子どもには難しいです。

目で読んでわかるように、ルールを印刷して壁に貼ることに効果はありますが、複数のルールがありすぎると、効果が落ちてしまいます。

また、ルールを破った子どもを、「ほら！ここに書いてあるでしょ！」と、叱って終わりになってしまい、子どもがそのルールを破らなくて済むような工夫をしなくなってしまうこともあります。

① いつでも守らなければいけないルールを、１枚で「大きく」「簡潔に」「見やすく」貼っておきます。

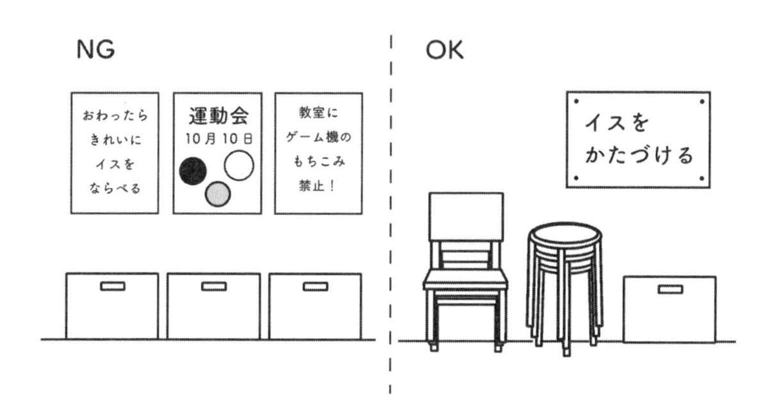

② 事前に、支援者と子どもが一緒に確認して予防することが大切です。子どもが、毎回自ら確認して事前に予防しようと努力するためには、守らせたいと思う側が、毎回事前に一緒に確認する努力も必要です。

2 試しながら子どもと一緒に作る

「特性」は子どもそれぞれにある

「診断名」だけを見て、「これが適切な環境設定だ」と決めつけないようにしましょう。その子自身をしっかり見て、話して、目的に合った環境設定を、子どもと一緒に作りましょう。

例えば、「ASD」という診断名を見て、「ASDの子は周りを覆ってあげたほうが落ち着くんです！」と、知識だけで環境設定を適用し、周りをつい立てで囲って、「ほら、これで落ち着いたでしょう？」と満足してしまうことがあります。

しかし、「他者とのコミュニケーションをトレーニングしている途中」であれば、この環境設定は目的と大きくずれてしまいます。または、落ち着いて学習したい場面であったとしても、その子には、「閉鎖された場所に強い不安を感じる」という特性があるかもしれません。そもそも、「ASDという診断が適切ではない」という可能性だってあるのです。

◯まず、作りたい環境を、本人に「やってみてよいか？」を聞き、「やったらどう感じたか？」などを、話しながら、共有しながら、子どもと一緒に環境を作っていきます。

数日後

3 不安と共存できる環境作り

不安を取り除くことばかりにならないことも大切

ASDの特性がある子どもの場合、予測がつかないことや、失敗の予測に対して、強い不安が起こることがあります。

支援としては、「いかに不安要素を環境から取り除くか？」や「このあと起こりそうなことを見える化するか？」に集中することが多いです。支援の初期は、不安を取り除いて安心感を得てもらい、信頼関係を築くことが非常に大事です。

しかし、「子どもの不安を取り除く」ばかりの環境設定にならないようにすることも大切です。

支援が進んできたら、「不安はあるけど、不安なままでも活動ができたね！」というような状況をあえて作ります。

不安を打ち消したり、不安に打ち勝ったりするための環境設定ではありません。「不安と共存できる」ような環境設定です。

NG 不安を訴えている子どもに対して、「大丈夫だよ」「できるよ」などの声かけをすると、もし失敗した時に、拒否感がより大きくなってしまいます。

OK 不安を訴えている子どもに対して、「そうだよね、不安だよね」とまず共感を示し、「これは難しいから失敗するのも当たり前だよ、一回試してみよう」など、失敗を気にしないで挑戦できるような、声かけをしていきましょう。

コラム「子どもの視点」⑥

子どもの「不満度が高い」ということ

子どもたちにとって最も重要な環境、それは家庭です。子どもたちはそれぞれの家庭で生まれ、育ち、みんなそれぞれの家庭が最も安心できる「居場所」であり「基地」であるはずです。そして、その環境には、基本的には「親」がいるのです。

「親の状態」は、子どもにとっての「環境」に大きな影響を与えます。親が精神的に疲れ果てていて、子どもに時間をかけて優しく接する余裕がなくなれば、子どもにとって「家庭」という環境の安心感は減っていきます。しかし、親も人間、余裕がなくなってしまう時は多々あるはずです。

そのような状態に、好きでなっている親はいません。そのような親に必要なのは、自分の時間を取り、しっかりと休むことです。親は、体と心を自分のためにしっかりと癒す時間を取る必要があるのです。休んだほうがいい、ではなく、休まなくてはならないのです。

そのためにも、私たちの支援の場はあり、一時的に親の子育ての時間を肩代わりすることで、親が肩の荷を下ろし、回復できる時間を作ることができます。それも、私たちの重要な役目です。

親の心の余裕、家庭の環境のあり方は、支援の効果にも実は直結してきます。

親が子どもに対し焦ってあれこれ求めすぎたり、ずっと仕事や家庭、子育ての不満を子どもの前で言い続けていたりすると、子ども自身の「不満度」が高まってしまいます。「世の中は満足できないものなんだ」という感覚を持ってしまうことがあります。

子ども自身の「満足できるハードル」が上がってしまい、不機嫌で不満の多い、攻撃的な状態にもなりやすくなってしまいます。

そうすると、支援の現場では、「ほめる」というアプローチが効きづらくなってくるのです。ちょっとやそっとほめても、「そんなこと言って、僕にうまいこと言うことを聞かせようとしてるんだろ？」という受けとめ方になり、ほめることで行動が強化されることが起こりにくくなります。

実際、私が見てきた子どもたちの中にも、このような子どもはたくさんいました。何かに誘おうとしても、行動をほめようとしても、わざと反発をくり返してしまう、いわゆる「反抗挑戦性障害」の状態になってしまうのです。小学１年生からすでにこのような兆候が出ている生徒もいました。

だからこそ、私たち支援者は、親に「頑張ってください」「ほめてあげてください」ではなく、まず「しっかり自分の時間を取り、休んでくださいね」を伝えて、そのお手伝いをしなければなりません。

支援者が、子どもたちの満たされない感じ、不満で不安な気持ちを受けとめて、今そこにいるその子をそのまま受けとめ、「何かをしてくれなくても、君はそのままそこにいるだけで価値があるよ」という、「存在の承認」をすることが、非常に重要になってくるのです。

7章

「保護者」への対応
～保護者の心を守る～

私は、発達に凸凹のある子の保護者でもあり、支援者でもある親ごさんたちと、何度も仕事をしてきました。

みなさん、ご自身の子育てに悩み苦しみながらなんとか学んでいく中で、同じように苦しんでいる親ごさんの助けに、そして子どもたちの助けになりたいという気持ちで、支援者になった人たちでした。

仕事を離れて話しをした時、何人もの親ごさんが言っていたことを、私は忘れることができません。

「自分の子に障害があるとお医者さんに言われた時、頭を殴られたような衝撃を受けた」「目の前が真っ暗になった」「普通に産んであげられなくてごめんね、という気持ちでいっぱいだった」

そして、ほとんどの親ごさんから、それらのことばのあとに出てきたことばは、「この子と一緒に死んでしまおうかと思った」でした。

保護者への「敬意」

なんの根拠もない「ダメ出し」の時代

いつの時代にも、支援に携わる人の中には、「親ごさんへのダメ出し」をする人がいます。

10年以上前は、「親の育て方やしつけが悪いから、あんなに動き回ったり、こだわりの強い子になる」という子育てへの否定、「間違ったダメ出し」でした。

発達障害は、医学的には「先天的な脳機能の障害」とされています。先天的ということは、生まれながらの障害ということです。

育て方やしつけは、生まれたあとに行われる後天的なもので、医学的に発達障害の原因にはなりえません。このダメ出しそのものが、無知によって引き起こされていた、なんの根拠もない誹謗中傷のようなものでした。

私が支援の仕事を始めた12、13年前には、まだまだ発達障害の知識も十分に広まっていなければ、それを支援する場所などもほとんどありませんでした。だからこそ、必死になって学んだ保護者の中には、支援者になろうという人が多くいました。

● 現代の根拠のあるもっと厄介な「ダメ出し」

それから10年がたち、今や全国には1万5千カ所を超える放課後等デイサービスができました。発達障害の知識や支援技術も、ずいぶんと知られるようになってきたと思います。だからこそ、また別のタイプの「ダメ出し」が現れてきているように思います。

それは、発達障害者支援について学んだ支援者が、知識に基づいて、「親ごさんのやっていることは、子どもに悪影響です」という「ダメ出し」です。

この「ダメ出し」は、ちゃんと否定する科学的根拠がありますが、オールドタイプの「ダメ出し」よりも厄介です。

では、何が厄介なのか？それは、「親に対する敬意のなさ」です。

● 見下している相手に“敬意”は持てない

私の中での定義ですが、「誠意」というものは、自分が見下している相手にでも発揮できるものだと思っています。例えば、自分が嫌だなと思うお客さんでも、誠意を持っててていねいに対応することはできます。

しかし、「敬意」というものは、自分が見下している相手に対しては、持てないものだと思っています。

支援者のみなさんの元にやってくる親ごさんたちは、文字通り「命がけ」でやってきています。「この子と一緒に死んでしまおうか……」という思いを乗り越え、子どものために何かできることがないか、と必死で考え、探し、みなさんの教室のドアを叩いています。

この本当の意味での必死の思いを、私たち支援者は決して軽んじてはいけません。

どんなに明るく元気なお母さんでも、それほどの思いを裏に抱えて、今そこに子どもと一緒に立っている、ということを想像する力が、支援者にはなければいけないと思うのです。

● 子どもたちに対しても「敬意」を持っているか？

私は、支援者への研修で最初に必ず、「『誠意』ではなく『敬意』を持って、利用者（子ども）に接してください」とお話しします。

自分たちの教室に来てくれる子どもたちに対して、「もし自分がその子と同じ特性、同じ苦手、同じ苦しい体験を抱えていたとして、週に何回もこの教室に通って、笑って楽しむことができるか？を考えてほしい」と伝えています。

相手にあるハンデを自分が全て同じように背負った時に、自分は笑っていられるか？という視点で子どもたちを見た時、子どもたちに対して「敬意」を持てる、と私は考えています。

そして、「その子になり切って考えた時に、その子に対して、『君って、すごいな……』と思えるようにならなければいけない」と、伝えています。

保護者ファースト

保護者だって苦手なことがある

「保護者に対してのダメ出し」をくり返す支援者は、保護者の対応に差をつけているわけですから、子どもに対しても対応の差が生まれ、えこひいきをしたり、自分の対応しやすい子どもばかりを対応するということが、起こりやすくなってしまうように思います。

そして、子どもたちが「できないこと」は許容しますが、大人が「できないこと」は許容しずらくなってしまうことがあります。最後には、「もう大人なんだから」「ましてや親で、責任があるんだから」ということばで、急に支援のはしごを外してしまうのです。

親ごさんにだって、得意と苦手があります。「発達に凸凹のある子どもを、上手に子育てすることが苦手」という親ごさんがいたって、それは当然のことだと考えることが必要です。

発達に凸凹のある子どもの子育ては、多数派として育ってきた親ごさんのほうが、苦手な人は多いでしょう。考え方や理解の仕方が極端に違うので、子どものことが理解しづらくなりますし、子ども自身の視点にも立ちにくくなります。

支援者であれば、「子どもだから」「親だから」という理由ではなく、全ての「苦手を抱えて苦しむ人」に対して、敬意を持ち、支え、その人たちを力づけていくというマインドセットが何よりも大事なのです。

●「保護者ファースト」＝「キッズファースト」

子どもによくない教育をしている親がいたとしても、否定するのではなく、「敬意を持て」と言われると、「キッズファースト」ではなく「保護者ファースト」のように聞こえるかもしれません。

しかし、まず考えてみてほしいのは、「子どもは家庭で育つ」という単純な事実です。

子どもの成長のベースは、家庭という環境にあります。その家庭の一部のお父さんやお母さんが、今まで自分の子どものためにと思って必死にやってきたことを、否定され、自己肯定感を失い、何をどうしていけばいいのか、この先の見通しが立たなくなって、混乱する。

そんな状況で、家庭という環境がよい状態になるでしょうか？おそらく、混乱した親とともに、子どもも混乱してしまうでしょう。

6章で、子どもをよりよい状態で支援していこうと考える時、「自分たちがいかに正しいことをするか」よりも、「子どもの心が傷つかない環境を整えること」が重要だとお話ししました。

これは、支援の現場だけの話ではありません。まず何よりも、家庭がよりよい環境にあることが、子どもにとっては最も大切になってきます。

その環境を、支援に携わる人がわざわざ荒らしにいくようなことは、キッズファーストの観点からもしてはならないし、する意味もないのです。

保護者との信頼関係

保護者の気持ちを受けとめる

保護者対応についての研修などでは、「保護者の気持ちを受容する」ということが必ず言われます。

しかし、そのような研修をしたあとでも、現場から出てくる質問の多くは、「どうやって、親からのクレームを避けたらいいのか？」

だったり、「どうやって、こちらの支援を理解してくれない親を説得すればよいのか？」などです。

私の答えは、「自分たちが保護者の気持ちを受けとめて、保護者との信頼関係が生まれていれば、クレームが出たり、支援に対して理解が得られなかったりということは、起きなくなります」です。

● 保護者の信頼を得る

保護者から話を聞く時、特に最初の見学や体験での話の聞き方が大事です。こちらの考えや意見や自分たちが伝えたいことばかり言うのではなく、まずは保護者の話を傾聴して、今までつらい思いの中でなんとかやってきたことを、本当に敬意を持ってねぎらいます。

次に、保護者が今まで悩み苦しんできたことを捉え、「保護者が言ってほしいことばをかけること」を何よりも意識します。

そしてその上で、支援者として、「自分たちはあなたがそれだけ愛情をかけ、苦悩もしてきた、大切なお子さんに対して、こういうことができる、したいと思っている」という真摯な提案をします。この順番を間違えては、いけないのです。

●「誰のための支援なのか？」を確かめながら

支援者は、保護者に会う度に毎回、「誰のための支援なのか？」を、確かめなければなりません。

一人ひとりの保護者の悩みの向こうには子どもがいて、その子どものことを考える時に、保護者の環境は、子どもと不可分なのです。

視野を広くしましょう。キッズファーストとは、子どもをとりまく全てを、子どもの視点から考えることでもあるのです。

それを忘れて、保護者の「ダメ出し」に走るのは、子どものことすら本当の意味では考えられていない、自己満足な支援に他なりません。

私たち支援者は、保護者に対して、「敬意」を持ち、今までの保護者の頑張りや苦しみをしっかりと受けとめることを忘れてはいけません。

子どもを支え援助するのであれば、必然的に親も支え、援助していくことが必要なのです。

半径10メートルの社会

私の尊敬するある心理士の先生は、「半径10メートルの社会」ということばをよく使われます。

ある人が実際にこの社会の中で生きていく時に、遠く離れたどこかの国の誰かが何をした、ということはほとんど関係がなく、せいぜい自分の行動範囲の中で、自分を中心とした半径10メートル程度の範囲の人間としか関わっていない、ということです。

逆に言えば、ある人の行動範囲の、半径10メートルにいる人たちの環境を整えることができるのならば、その人にとっての「社会」は変わった、と言えるのです。

私たちは、「凸凹が活きる社会を創る」をビジョンに、障害者支援の仕事をしています。それは何も、日本の社会全体をいきなり変える活動ではありません。

利用者一人ひとりの、半径10メートルに影響を与えることができれば、私たちが支援したその人の社会は変わるのです。

その半径10メートルの中には、確実に「保護者」がいます。そうであるならば、保護者の視点に立って保護者の心を守っていくこと、それもキッズファーストの支援を実現するためには、最も重要なことのひとつです。

私たち支援者も、「社会を変えていくため」の、小さな積み重ねのひとかけらなのです。

1 子どもへの支援を保護者に提案し続ける

「受容」と「提案」のバランスをていねいにとる

保護者との信頼関係を築くには、現在の保護者の感じ方や考え、苦しさ、つらさを受けとめ、ねぎらうことが重要とお伝えしましたが、さらに保護者に信頼される支援者になるためには、「受容」と「提案」のバランスをていねいにとることが大切です。

支援の現場では、「傾聴」ということばが頻繁に使われます。「傾聴」とは、「耳を傾け心を寄せて聞くこと」と言われます。保護者の話を傾聴することは、大切です。

保護者の話をしっかりと聞き「受容」したあとに、子どもたちがよりよく成長していけるような支援の方策を、素早く「提案」できるようにしておきましょう。

① 子ども自身を、自分たちはどう捉え、どう支援していきたいと思っているのかを、いつでも話せるような状態を支援の場全体で、作っておきます。

② そして、保護者に会う度に、コツコツとその支援を伝えていきます。

2 子どものよい変化を伝える

保護者には気づきづらい子どもの変化

保護者として毎日毎日自身の子どもを見ていると、小さな変化にはどうしても気づきにくくなってしまうものです。

その気づきを得てもらえるように、保護者とコミュニケーションを取ることも、支援者の大事な役目です。

保護者に、「子どものステキなところ」「成長したところ」をどうわかりやすく伝えていくかを、常に考えておきましょう。

① その日その日の支援で、子どもの（見えにくいけれど）ステキな部分、これまでとのちょっとした変化（特によい変化）に常に目を向けて、それを記録しておきましょう。また、これまでの支援の積み重ねの中からも変化を見出しましょう。

② 保護者から「なかなか成長しなくて……」や「ここが困ったところで……」というようなことばがあった時に、まずはそう感じている保護者の気持ちを受けとめましょう。その上で、自分たちが気づいた「ステキなところ」「少しでもよい変化が起きているところ」を、第三者の視点で保護者に伝え、気づいてもらえるようにしていきます。

3 教室外とのつながりを作る

多数で家庭全体を支える

発達に凸凹のある子どもの支援に携わっていると、どうしても虐待、ネグレクトなどの、深刻な家庭状況に出会ってしまうことがあります。保護者と子どもの関係性が、明らかに子どもにとって悪影響で、身体的心理的にリスクが高い状態と判断した場合は……。

ひとつの教室で、どれだけ奮闘したとしても、家庭環境まで変えることはできません。必ず複数の関係者、地域のネットワークの中で、子どもだけでなく、家庭全体を支えるようにしましょう。

◯ 自分たちの教室で、子どもたちにどれだけ質の高い支援をするかだけでなく、自分たちの活動を地域の関係者（教育、福祉、医療、その他）に知ってもらい、また、地域の資源をよく知っている状態を作っておくことが大切です。

私たちが運営している放課後等デイサービスでは、2024年度から、支援の計画に「移行支援」を盛り込むことが義務づけられました。これは、子どもたちが支援の場で囲われるのではなく、地域の中で受け入れられ、仲間とともに生きていけるように、という考えに基づいています。

支援の場から「地域への移行」のためには、以下のような様々な機関と連携し、地域の資源を子どもたちのために上手に使えるようになりましょう。

● 園・学校、役所、相談支援事業、地域の親の会、他の福祉事業所、児童発達支援センター、児童相談所などなど。

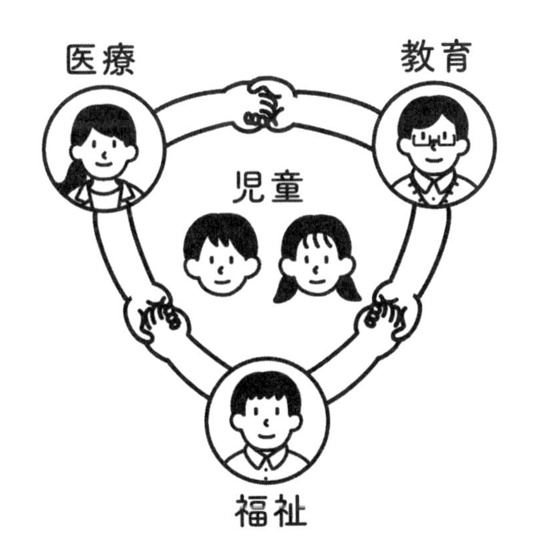

凸凹コラム「子どもの視点」⑦

保護者と学校の先生との関係

この章のコラムでは、「子どもの視点」ではなく、「保護者の視点」「学校の先生の視点」に焦点を当ててみたいと思います。

保護者の方から受ける相談でトップ3に入るのは、「学校の先生が子どもの特性を理解してくれない」「特性に合った関わり方をしてくれない」というものです。これはもう、本当に頻繁に相談を受けます。

私が保護者にお伝えするのは、「理解してくれる先生がいたらラッキー、理解してくれて一緒に対応を考えてくれる先生がいたら超ラッキー、そもそも知識があり適切な対応が実際に取れる先生がいたら奇跡、と最初から思ってください」です。

学校の先生を軽視しているのでは決してなく、学校の先生の役割が（理想論は置いておいて）現実としてそういうものだからです。

学校の先生というのは、基本的に発達に凸凹のある子の支援のスペシャリストではありません。むしろ、「あまり凸凹のない多くの子どもたち」を教え、導くプロです。だからこそ、30人もいる生徒を1人の先生で教えるということが成り立つのです。どうしても活動も学びも外れがちになってしまう子どもに、労力を割き切ることはできないのです。

保護者視点で言えば、当然大事なのはわが子です。とにかく、今、わが子にどう対応してもらえるか？が問題で、対応によって子どもの将来にも関わってくるし、場合によっては不登校などにつながり、社会に出ていく大きなハードルになってしまうかもしれない……そんな視点の中で、わが子以外の29人のことを考えられないのは当然です。

しかし、学校の先生の側も、もちろん発達障害について勉強を全くしていない先生などはほぼいません。一人ひとりの子どもを、それぞれに合わせて見ていきたい、ケアしたいと思っている先生がほとんどです。ただ、知識があったからと言って、日々30人の子どもたちを見ながら、その知識を実践して使いこなすことは非常に難しいです。公平に子どもたちをケアしていかなければいけない中で、1人だけに注力することには、罪悪感さえ感じてしまうかもしれません。

私たち支援者は、この保護者と学校の先生のお互いに複雑な気持ちを理解しながら、間に立たなければならない場面が多くあります。

支援の専門性を活かして、一人ひとりの子どもに合わせた対応の仕方を現場で見出し、保護者と学校の先生の両方に伝えていくことで、両方の負担を軽くできれば、本当に子どもたちのためになる支援となるでしょう。

ぜひ、保護者の方に伝えていただきたいことは、対応してくれた学校の先生に、手紙などの「形に残る文章」でしっかりと感謝を伝えることです。学校の先生に自身の子どもへの配慮を求める権利を使うのであれば、その権利には「しっかりと感謝を伝える」という義務がついてくる、と考えてもらうことが大切です。

それがあればこそ、学校の先生もやりがいを感じ、一人ひとりの子どもに目を向ける気持ちを、強くできるのだと思うのです。

8章

「問題行動」への対応

私は、全国に120以上の拠点を持つ放課後等デイサービスの支援の責任者として、全国の教室から多くの支援の相談を日々受けます。相談の多くは、「子どもが問題行動を起こしていて、どう対処したらよいか？」というものが8割くらいです。ちなみに残りのほとんどが、7章でもお話しした「保護者への対応が難しい」という相談と、ほんの少し「学校への対応が難しい」という相談です。

当然ながら、「子どもたちがこんなに素敵なんです！」という連絡はあまりなく（残念なことですが……）、ほとんどの場合には「子どもたちが何か問題を起こしてから」教室の支援者が困り果てて、相談がくるわけです。

私のところにまで相談がくるということは、だいたい問題が結構深刻なものになっていることが多いのです。

「問題行動」はなぜ起きるのか

● 子どもたちの居場所を奪ってしまう「問題行動」

私たちが、保護者の方と放課後等デイサービスの契約をする時にお伝えしている、「こういう問題が起こった場合には、契約の継続が難しくなる可能性があります」という、「深刻な問題」が3つあります。

それは、「他の子どもへの暴力など、他害行為がやめられない場合（激しい自傷行為も含む）」「他の子どもへの性的な言動がやめられない場合」「教室の物や他の子どもの持ち物や金銭などの窃盗行為や壊す行為がやめられない場合」です。

小集団でのコミュニケーション力の向上を中心としたトレーニングを行っている以上、他の子どもの生命・身体・財産に損害を与えてしまう可能性が高く、それを私たち支援者だけでは止めることが難しい場合には、小集団のトレーニングの場で、その子をお預かりすることはどうしてもできなくなってしまいます。

● 問題を「キッズファースト」の視点で描き直す

もちろん、そのような問題が起こったとしても、支援者のみなさんは、力を尽くしてその子どもが、「問題なく楽しく過ごせるように」「問題が悪化しないように」と様々なアプローチを試みます。その上でなかなか変化が現れない場合に、私に相談がくるのです。

問題について相談を受け、どうアプローチしていくべきかを私が考える時に、まずは、「どういう行動なのか？」を正確に描き出します。

多くの「深刻な問題」は、大人の視点から見た場合と、子ども自身の視点に立って「キッズファーストに」見た場合で、描き出される絵面が変わってくることがあるのです。

● どういう時に「問題行動」が出るのか観察する

よくある問題行動の相談として、「性器いじり」があります。

私が研修で入っていた放課後等デイサービスの教室で、「ある男の子が、トレーニング中（1コマ30分を2～3コマ）にずっと性器いじりをしているんです。どうしたらやめさせられるでしょうか？」という相談を受けました。

その男の子は、まだ小学校の低学年なのですが、30分のトレーニング時間の7～8割くらいの時間、ズボンに手を突っ込んでもぞもぞと股のあたりをいじっていました。

ほとんどの時間ズボンに手を入れているため、ズボンはずり下がってしまって、パンツが丸出しになってしまいます。

大人の視点から見ると、非常に「だらしない」「下品」「恥ずかしい」というように「見える」わけです。

私は、その子どもを1コマ分しっかり観察し、どういう時に性器いじりが出て、どういう時には性器いじりが出ていないかを、まず見比べました。

体を動かすような活動をしている時には、あまり性器いじりは出ないことがわかりましたが、逆に机に座って先生の話を聞いている時には、かなりの割合で性器いじりが出ています。

そして、少なくとも性器いじりをしている時には、トレーニングには参加している、という「事実」がありました。

その子の中で何が起こっているのかを予想する

ここから予想されることは、「この子は、席に着いて動けない状況で、先生に注意を向け続けるために、自分に刺激を与えて注意がそれないように頑張っている」のかもしれないということです。

さて、この予想を読んで、どう思われるでしょうか？これは、「性的な問題行動」でしょうか？むしろ、上の文だけを読めば、「努力している子」というように見えてこないでしょうか？

性器をいじっているからといって、「性的な問題行動だ！」と捉えるのは早計で、まずは、実際にその状況でどういうことが起こっているか？そして、その問題が起こっていない時はどういう状況なのか？を比較しながら、「事実」を捉え、それに基づいて、「その子どもの中で起こっていることを予想」してみることが大切なのです。

●「問題行動」と捉えているのは大人側かもしれない

その子は、ADHDの特性があり、自分でも注意がそれやすくなることはなんとなくわかっている。でも、先生の話を聞かなきゃいけないことは理解している。だからこそ、自分でできる範囲で工夫をした。その刺激を与える場所がたまたま性器だった。本人の目的としては、「注意がそれないこと」が重要。

では、この子が「注意がそれないように、自分自身で工夫をしている」というように捉えた場合に、まずすべきことは何か？

それは、「性器をいじってはいけません！」という「お叱り」ではなく、「一生懸命先生の話を聞こうと頑張っているんだね、いいね！」という「承認」になるのです。

もし、「恥ずかしいのでパンツに手を突っ込んだりしません！」と叱責を与えて行動をやめさせたとしたらどうでしょう？

子どもの視点から考えた場合には、「自分が一生懸命考えた方法は恥ずかしいものだったのか……」という落ち込みも起こるでしょうし、それをやめさせられたことによって気が散りやすくなってしまい、先生の話にどうやって注意を向け続ければいいのかがわからなくなる、ということも起こるかもしれません。

先生の話が聞けなくなるということは、「自分はダメなやつだ……」と、自分自身を責めるきっかけを与えることになってしまうかもしれません。

つまり、大人の側が「問題行動」だと捉えている子どもの行動は、その子の視点からすると、「大人に言われたことを実行するために色々考えてやってみた結果」の「苦肉の策」なのかもしれないわけです。

それを、「問題」だと捉えているのは誰か？と言えば、それは結局大人の側だ、ということがよくあるのです。

●「代替行動」というアプローチ

この子に対するアプローチとして、私はとりあえず自分のかばんの中をあさってみました。すると、出張先のホテルでもらってきた未使用の使い捨て歯ブラシが出てきました。

「あ、これはいけるかもしれないな……」と思い、歯ブラシを袋から出して、先生の話を聞きながら性器いじりをしているその子のところに近づいて行って、腕に歯ブラシをコチョコチョっと当ててみました（急に近づいたり身体接触したりするのは、ある程度相手の特性の予想がついてからにしましょう）。

その子はちょっとびっくりして、性器いじりをしていた手をズボンから出しました。そこに歯ブラシを差し出して、「先生の話をよく聞いてるね、かっこいいね。あ、これあげる。このブラシのところを親指でゴシゴシしてごらん、気持ちいいよ」と言って、その子の側から離れました。

もちろん、性器いじりに対するお説教などは一言もしていません。注意を向け続けるための刺激となるものの、「代わり」をあげただけなのです。

その子は、歯ブラシを握ってブラシの部分を親指でゴシゴシしながら、その後はほとんど性器いじりはなく、30分間先生の話に注意を向けることができていました。

● 子どもの努力を認めサポートする

キッズファーストの視点で見た時に、「問題」は「問題」ではなくなり、「その子なりの努力」に見えてくる時があります。

それに対して叱責などする必要はなく、私たちは、その子の努力をまず認め、次に周りにも認められやすく、そして努力の成果がちゃんと出やすくなるように、「サポート」をすればいいのです。

障害児教育や障害児支援というフィールドにおいては、「その子どもの課題や問題をどう無くしていくか？」「どうやって問題が起こらないようにしていくか？」を目的としてしまいがちです。

４章でもお話ししましたが、できないことに注目する支援では、

「社会の中で十分に通じるスキル」を育てることは難しいです。

「何ができていないか？」や「どんな問題を起こしてしまっているか？」の視点で子どもを見るのではなく、「その子は実際には何をしようとしているのか？」という行動の「目的」を、主観を交えずに観察し、予想し、それに合わせたサポートをしていくことで、はじめて「スキルを伸ばす」ということが可能になるのです。

奇妙に見える行動を推理する探偵になる

● 行動によって起きる問題を考える

さて、みなさんは「問題行動」ということばと、「行動問題」ということばがあるのを知っているでしょうか？

ここまで、私はわざと「問題行動」ということばを使ってきました。問題行動とは、子ども（に限らず大人でも）がとった行動が、「問題だ！」と感じた周りの人が、その行動に「問題である」「よくないものである」というレッテルを貼ったものです。

先ほどの例では、性器をいじる、という行動は、それを「不潔で恥ずかしい」と思う大人からすれば、「問題と思う行動」だから、「問題行動」になるのです。

しかし、その子自身の視点に立ってみれば、「先生の話をしっかり聞くために必要な行動」で、本人はなんら問題だと思っていない可能性があります。このズレがあると、なかなか「問題」を解決することができなくなります。

一方、「行動問題」ということばは、もっと客観的な視点で子どもの取った行動を観察し、「子どもが何か問題を起こした」ではなく、「今ここで何か問題が起こっている」というように捉える意味のことばです。

先ほどの例の男の子の場合は、「先生の話を一生懸命聞くために自己刺激が必要。その自己刺激が、性器をいじる周囲から見ると恥ずかしいと判断される行為になっている。本人は頑張ろうとしているのに、周りからは注意を受けてしまい、本人が混乱する状況が発生する『問題』が起きている」と捉えます。

「その混乱する状況を解消するには？」を考えるのです。「子どもを性器いじりをしないようにしつけよう」という考えでは、状況は改善しないのです。

● その行動は子どもの目的を邪魔していないか？

「行動問題」として子どもの行動を見る時には、子ども自身がとっている行動だけに注目するのではなく、何がその行動を引き起こしているのか？何がその行動をくり返させているのか？続けさせているのか？という、「環境要因」も併せて注目しておかなければなりません。

その子は、ただ何かをしたいだけなのに、何か（障害特性かもしれないし、周りの環境かもしれません）が邪魔をして行動がうまくいかず、問題を引き起こしてしまっている。邪魔をしているものをうまく取り除くにはどうしたらよいか？どうしたら子どもたちは「成功」できるのか？そのように考えることが非常に大切なのです。

● どんなに奇妙な行動にも真実があるかもしれない

そのためには、子どものとっている行動を、「性的な問題行動」とか「暴力的な行動」と「決めつける」のではなく、「なぜその行動をとっているのか？」を幅広く考えることと、考えるヒントを得るための情報収集を徹底することです。

私の好きな「シャーロック・ホームズ」のことばに、「全ての不可能を消去して、最後に残ったものがいかに奇妙なことであっても、それが真実となる」ということばがあります。

私は支援の現場で、このことばを逆に「どんなに奇妙に思えても、可能性が0.01％でもあるならば、それが真実であるかもしれない」と、捉えています。

● ある女の子の「行動」の事例

ある中学生の女の子が、夜教室にしょっちゅう無言電話をかけてくる、という「問題」が起こり、困った教室長の先生から私に相談がきました。

私は、しばらく教室に先生たちと一緒に入り、その女の子の支援をしながら、その中で問題を解決するアプローチを考えることになりました。

私は、まず、これまでその女の子に対して、どのような支援をしてきたのか、その支援はどういう目的でやっていたのか、経緯と現状の確認をしました。

女の子は、ADHDとASDの両方の診断があり、非常に衝動性が強く、周りの子どもを叩いてしまったりかなり強い暴言をぶつけてしまったりする。それは学校でも同じで、周りの生徒からは避けられるし、先生からもかなり注意を受け続けたことで、学校になかなか行けなくなっていました。

そんな中、放課後等デイサービスにも徐々に来られなくなりつつあったので、先生たちは策を考えました。

シール帳を作って、通所できる度にシールを1枚貼る、それがある程度貯まったら賞状的なものがもらえる、いわゆる「トークンエコノミー法」と言われるものでした。

女の子は、「やりたい！」と、そこからほとんど休むことなく通所できている、そして、賞状をもらえることをすごく楽しみにしている、ということでした。

次に、では、その女の子が教室に無言電話をかけてくるのはどのような時なのか？について、情報収集をしました。

保護者への聞き取りなども含めて情報を集めた結果わかったことは、その女の子が電話をかけてくるのは、「教室を休みたい時」に、無言電話をかけてくるのではないか？ということでした。

● 女の子の「目的」から「可能性」を推理してみた

これはどういうことでしょう？教室に通所できたらご褒美をあげるというアプローチ法をとり、本人もそれに対して前向きで、実際にほとんど休まず来ることができている。しかし、来たくない時には無言電話をかけてくる。

これはどういうことなんだ？矛盾しているじゃないか？と教室のスタッフは頭を抱えてしまいました。

私は、この状況ですごく奇妙ではありますが、可能性のある考え方がひとつ思い浮かびました。ポイントは、シール帳が「100個貯まるまで賞状がもらえない設定になっていたこと」ではないかと。

女の子は、ASDの特性も強く持っていて、こだわりが非常に強く、こうと思ったらなかなか曲げられない、ハイコントラスト思考（0か100か、白か黒かでしか物事を捉えにくい）という特性も持っているように見受けられました。

こだわりが強く、ハイコントラスト思考の女の子は、このシール帳をもらって、「絶対に休むわけにはいかない！少しでも早く100個のシールを集めなきゃいけない！」と思い込んでしまったのではないかと予想したのです。

女の子は、週に4日くらい通所していますが、それでも100個集めるには、休まず来て25週間、半年かかります。教室を休んでしまえば、それだけ賞状をもらうのが遠のいてしまいます。

本人は、焦り、こだわりが発動し、絶対に休まないでシールを集めなければいけない……でも、当然休みたい時だってあるのです。

しかし、「休みたい」と言えばシールはもらえなくなる、言うわけにはいかない、でも休みたい、今日は学校で嫌なことがあって教室に行く気力もない、「でも、でも……」そんな悩みの中で、それをことばでうまく説明することができず、言いたいけど言えない状況を「無言電話」という形で表現するしかなかったのではないか？

● 推理したことを当事者に聞いてみる

一見、ものすごくこじつけっぽい捉え方に見えるかもしれません。しかし、一応無理やりにでも、この状況を説明することはできています。あとは、本人に確認すればいいのです。

ここは、私たちがシャーロック・ホームズとは違うところです。探偵であれば犯人は簡単に口を割ってくれませんから、最後まで推理し切って、犯人を追い詰め、証拠を突きつけ、犯人を「もうだめだ……白状しよう……」と思わせることが必要です。

しかし、子どもたちは別に「犯人」ではありません。苦しみの中にある「当事者」なのです。普通に「苦しかったのかい？」と聞けばいいだけなのです。

私は、教室の先生たちと一緒に、女の子と話しをする時間を設けて聞いてみました。

「今まで、シール帳があって、頑張って教室に来てくれたよね。それは先生たちとしてはうれしかったし、○○さんも頑張れたっていう気持ちがあったと思うんだ。でも、ホントは、『行かなきゃいけない……』ってなっちゃって、つらいこともあったりした？」と聞くと、女の子は素直に、「うん、しんどかった……」と教えてくれたのです。

それを聞いて先生たちも、「そっか、じゃあ先生たちがちょっとつらいことを押しつけちゃったね、ごめんね。一回、このシール帳はやめることにしよう。それで休みたい時には、ちゃんと連絡できるようにしようね」と本人と話し合うことができたのです。本人も少し泣きながら、「うん、そうする」と言ってくれました。

話し合いの時間をとり、シール帳を廃止してみた結果、無言電話はなくなりました。その代わり、今までよりは少し教室を休む日が増えました。ただし、ちゃんと欠席の連絡をしてくれるようにもなりました。

子どもを信じることが前提

● 主観で問題を決めつけずに本人に聞いてみる

確かに教室には休まず通所はできている、しかしそれが「休んだらシールがもらえない……」という恐怖や不安とともにあるのであれば、それは本人にとっては非常にしんどい行為として記憶されてしまいます。

そんな行動を、本人は心から楽しんでくれるでしょうか？ということを、私たちは常に考えていなければいけないのです。

私たちは、子どもたちの周りで何か「問題」が起こった時に、それを「子どもたちのせい」にしてしまいがちです。

しかし、ほとんどの場合、その子どもに「だけ」問題がある、ということはありません。多くの場合、その子どもの周りの人や物を含めた「環境」によって、何かの「問題」が起こっているのです。

単純に「子どもに問題がある」と考えても、解決しにくいのです。

私たちは、主観で問題を決めつけるのをやめ、子どもたちの視点に立ち、本当は本人は何をしようとしているのか？その中で何が問題になってしまっているのか？を、幅広い視点で見ていかなければなりません。

しかも、それを探偵のように「推理を当てる」ことにこだわってしまわないで、聞いてわかることは本人とちゃんと話しをして聞く、ということが大切なのです。

子どもたちだけではなく、保護者の「問題」、学校の先生の「問題」も、同じような視点で考えていくべきでしょう。

● 私たちは子どもの成長に適切な「力添えをする」存在

このような考え方を当たり前にしていくことは、支援の現場の中で常に「キッズファーストの支援」を意識してこそ、徐々に徐々にできるようになっていくことです。

その根底にあるのは何か？それは、「目の前の子どもを信じる」ことだと私は思っています。

「この子には、自分でよりよいことを選び取り実行していく力がある」、そう信じることを前提に、子どもの悪いところを叩き直そうという発想ではなく、子どもが自然によい方向に成長しようとしている力に、私たちは適切に「力添えをする」存在なのです。

そんな、キッズファーストの支援で、凸凹が活きる社会を創っていきましょう。

1 行動の「機能」を考えてみる

機能分析でも決めつけない

ある行動が問題となっている時には、行動の「機能」を考えてみます。

行動科学の考え方では、意味なく行われる行動というものは基本なく、どのような行動もなんらかの目的を持って行われていると考えられています。

行動の「機能」を考える時には、「要求」「注目」「逃避」「阻止」「感覚」の５つの機能に分けて考えてみると考えやすくなります（ひとつの行動に複数の機能があることもよくあります）。

機能を分析する際には、可能な限り多人数で行動を観察し、それぞれに「５つの機能のうちどれが当てはまると思うのか？」を出し合うのがポイントです。

ひとつの行動が、違う視点からだと違う意味を持って見えるかもしれない、と考えられるようになることが大切です。

○ 5つの「機能」を、複数人の支援者で話し合って予想してみます。

● 要求：何かがほしい・やってほしくて、しているのか？

● 注目：周囲の注目を集めたくて、しているのか？

● 逃避：今やっていることから逃げたくて、しているのか？

● 阻止：これから起きることから逃げたくて、しているのか？

● 感覚：感覚的な刺激がほしくて、しているのか？

2 問題となる行動の代わりを与える

代わりになるものはいずれ飽きられる

代替行動というのはかなり「飽きやすい」ものです。

一度うまくいっても、次にやった時にうまくいかず、「この方法ではダメだったんだ……」と支援者が代替行動を取らせること自体をやめてしまう場合があります。

しかし、注目するべきことは、「一度でも代替行動が効いたという事実」です。

「置き替えることが可能なんだ」に目を向けるようにしてほしいと思います。そこに目を向けることで、「様々な代わりになるものを根気強く探し続ける」という気持ちが起こります。

定期的に「次の代わりになるもの」に変えて、「あなたのほしいものや刺激を満たしてくれるものは意外とたくさんあるよ」ということを、子どもにわかってもらうことも重要です。

◯「何かがほしくて」取っている行動が問題になってしまっている場合、例えば「動画を見たいのにスマホを貸してくれないから地面に寝っ転がってしまった」というような時には、スマホは貸せないけど、代わりに持ってきた好きな絵本を渡すことで、動画ほどではないけど「見たい」という気持ちを満たすことができれば、起き上がって絵本を見てくれるようになるかもしれません。

＊「注目がほしい」場合や、「何かやるべきことから逃げたい」場合には、「代わりになる行動」をその場で取ってもらうことは難しいです。

3 ありえなさそうな原因を考える練習をする

自分の常識の枠を外す

子どもの行動上の問題の原因を考える時に、どうしても自分の経験の範囲内で原因を想像してしまい、「独特の考え方をしがち」な発達に凸凹のある子どもたちの行動の原因を、適切に想像することが難しいことがあります。

発達に凸凹のある子の支援には、多数派の経験や常識に頼っていてもうまくいきません。それは、脳の神経の構造が多数派と違う「発達障害」は、考え方や行動が違うのが当たり前だからです。なぜなら、人間は脳で考え行動するからです。

そんな発達凸凹の子どもたちを理解しようとするならば、「普段自分がしない考え方をする練習」をしておくことが、非常に効果的です。

「常識」とは、多数派がよく取る行動のことです。それを意識的に外せるようにすることで、「自分以外」への理解が深まるのです。

◯ 普段から、「ありえなさそうだけど可能性が０ではない」原因を想像してみる練習をしておくと、柔軟な考え方ができやすくなり、原因を簡単に決めつけず、深く考える習慣が身につきます。普段から問題となっている行動について、「ありえなさそうな原因」を考える練習をしておきましょう。

事例：「腕の産毛を抜き続けてしまう子どもの原因を考える」

コラム「子どもの視点」⑧

「持って回った表現が苦手」ということ

かなりの経験を積んで、現場でその場に合った適切な支援ができている支援者であっても、子どものことを表現しようとすると、「自分の主観に基づいた表現」になってしまうことが多々あります。

ある中学生の女の子の個別支援計画を添削していた時に、素案を作成した支援員が非常に面白い表現をしていました。

女の子の目標は、「指導員からのサポートがあれば、自身の疑問点や不明点を伝えられるようになる」というもので、半年ほど支援を行い、出てきた課題が次のようなものでした。

「困りごとを伝えられてはいるが、遠回しな言い方も多い」。例えば、色鉛筆を使いたい時に、「あれって（先生は）持ってきたりしませんか？」と言う、などです。このことばを普通に解釈すれば、遠回しに「お願いをしている」と受け取られるでしょう。

しかし、彼女にはかなりのASD傾向が見られます。ASD傾向がある人は、相手からの「持って回った表現が苦手」という特性が出やすくなります。自分も持って回った表現はほとんど使わず、直球の表現しか使わないことが多いです。

では、色鉛筆がほしい時に直球で、「あれって、持ってきたりしませんか？」と表現をするとはどういうことかを考えてみます。

直球だとすると、「先生が持ってくるついでがあるかどうか、ただ聞いてみただけ」ということになります。

色鉛筆が使いたい→先生のついでで持ってきたりしないかな？と思った→思ったから聞いた→先生についではなかった→じゃあ自分で取りに行くか。

本当に、ただこれだけで、そこに特別な感情はなく、ただ事実確認をした、ということになります。

「遠回しにお願いをしている」と思うのは、「他人の気持ちを想像できる人たち」だからこそ、そう思えることです。「他人の気持ちを想像しづらい人たち」は、そうは思いません。

もう一度、この子の目標を振り返ってみましょう。「指導員からのサポートがあれば、自身の疑問点や不明点を伝えられるようになる」でした。ということは、この子が「先生は色鉛筆を持ってくるついでの用事がないのかな？」という疑問を持ち、それを誰のサポートも受けずに伝えたのだとしたら？この行動は「課題」でしょうか？それとも「目標達成」なのでしょうか？

子どもの行動を見て、誰の視点に立って解釈するのかによって、子どもの行動の評価は全く違ってきます。

私たち支援者は、常に子どもの視点に立って目標を設定し、行動を評価していかなければならないのです。それが、支援の現場で日常的にできるようになってはじめて、「キッズファーストの技術」が身についていると言えるのです。

あとがき

「北川先生の支援の考え方を早く本にしてください！」

１年に１回くらい、保護者の方からこのことばをいただきます。ありがたいことばではあるのですが、このことばを聞くと、私はいつも思うことがあります。

「実は、私の考え方、ではないんだけどな……」

発達に凸凹のある子どもたち、いわゆる「発達障害」の子どもたちの支援の現場に入ってからずっと、私は私の独自の考え方をなるべく現場に持ち込まない、ということを大切にしてきました。

発達に凸凹のある子どもたちの支援のノウハウ、というか障害者支援の考え方ややり方というものは、世界中で長い時間をかけて、研究者や実践家の人たちが実践と検証をくり返し、どうやらこっちのほうがより効果的っぽいぞ、という知見を積み上げてきたものなのです。

私が、支援の現場に「自分の考え」を持ち込み過ぎれば、それはキッズファーストにはなりえません。

私は、私が学んで、実際にやってみて、効果があったやり方、考え方をひたすら模倣し、くり返してきて、それを支援者や保護者のみなさんにお伝えしてきたにすぎません。

ただ、残念ながら、今の日本の障害者福祉の世界では、対象が子どもか大人かに関わらず、そのような世界中で練られてきた知見が現場にしっかりと浸透しているとは言えません。

最近は、私もSNSを通じてそのような知見の一部を広めていくような活動をしていますし、また私たちの会社で「凸凹ガイド」という情報発信のためのポータルサイトを2023年度から運営しています。(P.182参照)

それでもまだまだ、発達に凸凹のある人々のための支援は、当たり前のものにはなってはいないと感じています。

私自身も、支援の現場に入り続けながら、今でも「あ〜、今日は支援がうまくいかなかったなぁ……」とか「失敗した〜、これは子どもに申し訳なかったなぁ……」というトライ＆エラーをくり返し続けていますが、それをやり続けられるのは、基本となる「キッズファーストの考え方」があるからこそです。

この考え方がしっかりしていて、子どもの視点に立つということがきちんと理解できていて、それを現場で実際に活かせる技術が身についていれば、失敗はしても、なぜ失敗したのか、どうすればよりよく支援ができるのかを、自分自身で考え続けていくことができます。

全国約188カ所の放課後等デイサービス「ハッピーテラス」の教室で、また約92カ所の就労移行支援事業所「ディーキャリア」で、何千人という支援者のみなさんに技術を教える中で、その技術の使い方が非常に表面的になってしまう、ということは今まで数限りなくありました。

もちろん、そのような支援者のみなさんが、目の前の子どもたち（や大人たち）と一生懸命向き合おうとしていない、なんていうことはありません。それほど、現場で生の人間を相手に、学んだことを本当に芯から活かす、ということは難しいことなのです。

だから私は、この本を書くことにしたのです。私が学び、実際にその考え方やり方で発達に凸凹のある人々の支援に取り組んでみて、確かにそうだ、と結果がちゃんと出たものを、まとめよう。それをより幅広い支援者、保護者のみなさんに読んでもらって、少しでも「凸凹が活きる社会を創る」ことにつなげていこう。それが、この本の目的です。

ただ、この本に書いてあることは、簡単に実現できるようなことではありません。

キッズファーストという基礎基本の考え方にしっかりと従いながら、支援の現場で実践を何百回何千回とくり返していかなければなりません。

スポーツと一緒で、支援というものは、考え方やり方を理解したからといって、いきなり上手になるようなものではありません。適切な理解の上に、ひたすら基礎練習をくり返して、はじめて技術は現場でスムーズに使えるようになるものなのです。

しかし、支援の現場に立つということは、それだけの努力を重ねる価値があることだと思っています。この考え方で、適切に技術を使い、子どもたちとお互いに本当の笑顔を交わせた時、他の仕事ではちょっと代えがたいほどの大きな喜びが得られるものだからです。

その喜びを、この本を読んで実践をしたみなさんに味わってほしいし、その先にいる子どもたちがより豊かな人生を過ごせるように、と心から願っています。

最後に、10年間一緒に「ハッピーテラス」、「ディーキャリア」を創るために走り続けてきたデコボコベース代表の松井社長、私が執筆から逃げたくなった時にお尻を叩いてくれたデコボコベース社長室の島田さん、素敵なイラストをめちゃくちゃなスケジュールで描いてくれたモリカワさん、これまで支援を続けてきてくれたデコボココミュニティの全ての支援者のみなさん、全ての利用者さんに、深く感謝を申し上げます。また、執筆の機会を与えてくださり、途中途中で長期間途切れる原稿を粘り強く待ってくださり、完成まで導いてくださった、ぶどう社の市毛さんには本当に感謝してもしきれません。

そして、支援の仕事に自分の時間のほとんどを費やしてしまう私をいつも支えてくれている妻と子どもたち、ありがとう。みんなのおかげで、「凸凹が活きる社会を創る」ための一歩をこの本として残すことができました。

2025年3月　北川 庄治

デコボコ TV（教えて北川先生！）
https://www.youtube.com/@decobocoTV/featured

発達障害のある当事者の方やそのご家族・パートナーの方にお役立ていただける情報を紹介しています。

私が所属している、「デコボコベース株式会社」は、全国に約 332 拠点展開しています。

地域ごとに、事業所の特色や課題は様々ですが、支援に困っている事業所に共通しているのが、自分たちだけで完結しようとしていることが多いことです。これは、支援者に限らず保護者の方にもよくあります。

なぜ、そうなってしまうのかを広く俯瞰して考えた時に、適切な情報が適切な人に届いていないという課題がありました。

全国的に共通しているこの課題を解決できるように、「凸凹ガイド」という事業所や情報が見つかる無料ポータルサイト（2025 年 3 月現在 20,000 事業所掲載）を 2023 年 1 月に開設しました。東京都中野区では、行政からも高評価をいただき連携させてもらっています。

凸凹ガイド

https://guide.de-co-bo-co.jp/

障害児通所支援施設（児童発達支援／放課後等デイサービス）の情報ポータルサイト。

凸凹システム

https://decoboco-base.com/system/

障害福祉サービス専用の運営／請求システム。
効率化を高める自社開発システムを提供。

凸凹エージェント

https://agent.de-co-bo-co.jp/

障害のある方向けの就職／転職サービス。

DECO BOCO BASE

デコボコベース株式会社

東京都港区芝浦 4-12-31
VORT 芝浦 Water Front 6F
https://decoboco-base.com/

凸凹が活きる社会を創る。
誰もが社会の一員として自然に受け入れられ、活躍できる社会へ。

・デコボコベースの事業所・

児童発達支援 ハッピーテラスキッズ
https://happy-terrace.com/kids/

0～6才の発達が気になるお子さまを対象にした児童発達支援事業所です。

放課後等デイサービス ハッピーテラス
https://happy-terrace.com/happyterrace/

小学生・中学生・高校生の発達が気になるお子さまを対象にした放課後等デイサービスです。

自立訓練（生活訓練）ディーエンカレッジ
https://d-encourage.jp/

職業生活に入る前の方を対象にした「あなたらしい将来の自己決定」を目指す事業所です。

就労移行支援　ディーキャリア
https://dd-career.com/

就職を希望する方を対象にした「あなたらしいキャリア」の実現をサポートする事業所です。

求む！みらい福祉のソーシャルリーダー

https://www.wantedly.com/companies/alpha-discere

＊本書の事業所数などの数字は全て 2024 年 12 月時点のものです。

著 者

北川 庄治

（きたがわ しょうじ）

デコボコベース株式会社 最高品質責任者
（全国約332拠点のプログラム開発）
一般社団法人ファボラボ　代表理事

1979年生まれ、東京大学文学部卒業、東京大学大学院教育学研究科博士課程単位取得満期退学、教育学修士。

公認心理師、NESTA認定キッズコーディネーショントレーナー。高等学校教諭専修免許（地理歴史科）／中学校教諭専修免許（社会科）所持。

進学塾の非常勤講師、通信制高校教諭、障害児を対象にした学習支援教室での個別指導講師・教材作成を経て、現在は療育プログラムの開発、保護者や支援者向けの研修を実施。

イラスト …… モリカワ マリ

発達障害の療育がうまくいく
子どもの見方・考え方

著　者　　北川 庄治

初版印刷　　2025年4月15日

発行所　ぶどう社
編 集／市毛　さやか
〒104-0052　東京都中央区月島4-21-6-609
TEL 03（6204）9966　FAX 03（6204）9983
http://www.budousha.co.jp

印刷・製本／モリモト印刷　用紙／中庄